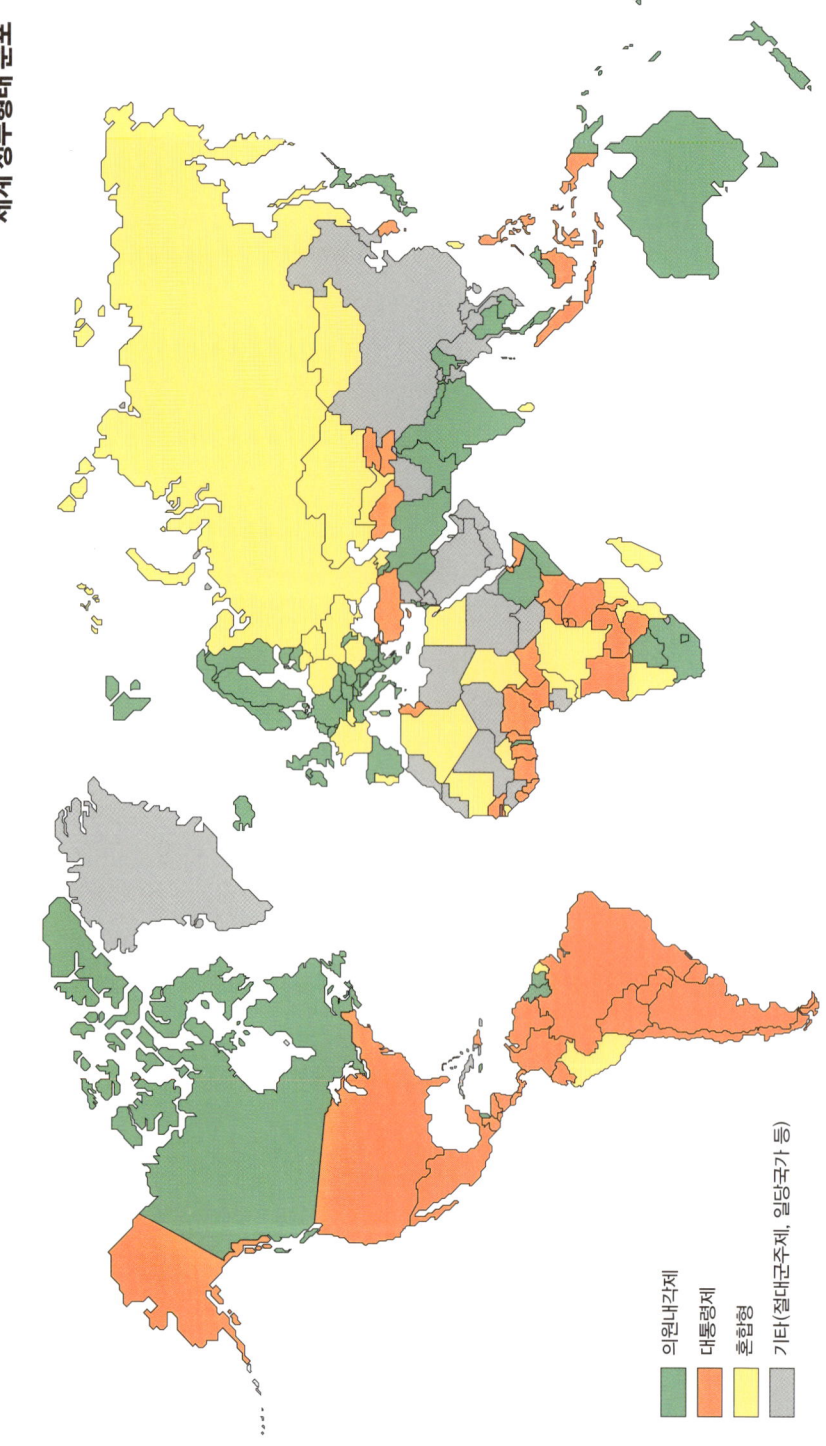

**의원내각제가 온다**

## 의원내각제가 온다

연대하고 협력하는 대한민국을 위한 헌법개정 제안서

지은이 / 강수택
펴낸이 / 강동권
펴낸곳 / (주)이학사

1판 1쇄 발행 / 2025년 5월 30일

등록/ 1996년 2월 2일 (신고번호 제1996-000015호)
주소/ 서울시 종로구 율곡로13가길 19-5(연건동 304) 우03081
전화/ 02-720-4572・팩스/ 02-6919-1668
홈페이지/ ehaksa.kr
이메일/ ehaksa1996@gmail.com
인스타그램 / www.instagram.com/ehaksa_
페이스북 / facebook.com/ehaksa・엑스 / x.com/ehaksa

ⓒ 강수택, 2025, Printed in Seoul, Korea.

ISBN 978-89-6147-474-0 03300

이 책의 저작권은 저자가 가지고 있습니다.
저작권법에 의해 보호를 받는 저작물이므로 이 책 내용의 일부 또는 전부를 재사용하려면
저작권자와 (주)이학사 양측의 동의를 얻어야 합니다.

* 책값은 뒤표지에 표시되어 있습니다.

# 의원내각제가 온다

강수택 지음

### 연대하고 협력하는 대한민국을 위한 헌법개정 제안서

이학사

# 차례

1장  머리말: 대통령 게임에서의 탈출이 극심한 분열과 대립 극복의 길 … 7

2장  의원내각제는 연대·협력형 선진사회의 정부형태 … 23

3장  왜 의원내각제가 대통령제보다 연대·협력형 선진사회에 더욱 유리한가? … 35
   1. 의원내각제의 협력·통합 효과 … 35
   2. 대통령제의 갈등·양극화 효과 … 45
   3. 의원내각제와 정치적 이념 … 55

4장  제왕적 대통령제는 일반적인 대통령제 정부형태의 예외적인 현상인가? … 63
   1. 대통령제의 특징 … 63
   2. 대통령제의 유형과 제왕적 대통령제 … 71

5장  대통령 4년 중임제 개헌론을 비판한다 … 79
   1. 독재 출현 가능성이 높은 대통령제 … 79
   2. 대통령제에서 임기·중임 제한의 의미와 양상 … 81
   3. 대통령 4년 중임제론은 결코 제왕적 대통령제 극복의 길이 아니다 … 85
   4. 2017년과 2025년 대통령 탄핵과 분권형 개헌의 기회 … 87

6장  의원내각제는 우리에게 정말 낯선 제도인가? … 91
   1. 제2공화국의 의원내각제 경험 … 91
   2. 대통령제는 대한민국 건국의 다수 주역들이 본래 생각했던 정부형태가 아니었다 … 93
   3. 친숙한 대통령 게임에서 이제 벗어나 의원내각제에 대한 역사적 기억을 널리 공유해야 … 103

**7장 의원내각제는 정치적 혼란을 일으키는 불안정한 제도인가?**     115
   1. 의원내각제가 정치적 불안정을 낳을 수 있는 요인과     116
      효과적인 대처 방안
   2. 대통령제가 정치적 불안정을 낳는 요인     122
   3. 의원내각제가 대통령제보다 정치적인 안정을     134
      더 가져올 수 있는 이유는?

**8장 정치인, 정당, 국회는 믿을 수 없으니**     141
**최고 권력자를 국민의 손으로 직접 뽑아야 한다?**
   1. 정치인, 정당, 국회는 믿을 수 없다?     141
   2. 최고 권력자는 국민의 손으로 직접 뽑아야 민주주의인가?:     161
      민주주의 선진국의 최고 권력자 선출 방식과 국민주권의 의미

**9장 의원내각제 개헌의 길과 방안**     169
   1. 의원내각제 개헌의 가능성과 걸림돌     169
   2. 정부형태 전환의 사례들     174
   3. 의원내각제 개헌의 길: '핀란드의 길'을 중심으로     176
   4. 의원내각제의 쟁점에 관한 '핀란드 모델'과 '독일 모델'     181
   5. 의원내각제 개헌의 구체적인 추진 방안     186

**10장 의원내각제 헌법개정안 구상**     195
   1. 의원내각제 헌법개정안의 주요 내용 및 개정 사유, 근거     201
   2. 대한민국 제7공화국 헌법안(국회, 대통령, 정부)     217

**참고 문헌**     235
**도판 저작권 및 출처**     239

# 1장
# 머리말: 대통령 게임에서의 탈출이 극심한 분열과 대립 극복의 길

1

오늘날 한국 사회는 너무나도 심하게 분열되어 서로 대립하고 있다. 윤석열 전 대통령의 12.3 비상계엄 선포와 탄핵 정국으로 분열과 대립이 더욱 심해졌지만 한국 사회의 분열과 대립은 비상계엄 선포 전에도 이미 심각한 상황이었다. 그렇다면 도대체 오늘날 한국 사회가 이렇게 분열하게 된 원인은 무엇인가? 이 질문에 대답하기 위해 많은 사회학자가 그동안 다양한 방식으로 노력해왔다. 나 역시 오래전부터 이 문제와 씨름해오면서 내리게 된 잠정적인 결론은 이것이 권력 구조와 매우 깊은 연관이 있다는 것이다.

물론 모두가 알다시피 한국 사회의 갈등과 대립의 주요 원인으로 사회경제적 불평등, 성차별, 세대 차이, 남북 분단 등이 그동안 꾸준히 지적되어왔을 뿐 아니라 이것을 개선하기 위한 노력도 이뤄져왔다. 나 역시 그동안 이런 점들을 많이 지적해왔고 여전히 이것들이 중요한 원인이라고 생각한다. 그런데 한국 사회에서 별로 주목해오지 않은 원인이 있는데 그것은 바로 권력 구조 혹은 정부형태로서의 대통령제라고 하는 정치적 환경이다. 나는 특히 최근에 와서 심화되고 있는 한국 사회의 분열과 갈등이 정치적 성격을 강하게 띠고 있으며 특별히 대통령제라는 정치적 환경과 밀접히 관련되어 있다는 점에 주목하여 대통령제, 의원내각제 같은 권력 구조와 사회갈등 사이의 연관성을 여러 측면에서 따져보았다. 그 결과 이 둘 사이에 매우 밀접한 연관이 있음을 알게 되었고, 결국 한국 사회가 극심한 분열과 대립을 극복하고 연대와 협력의 진정한 선진사회로 나아가기 위해서는 대통령제를 극복하고 의원내각제로 전환하는 것이 필수적이라는 결론에 이르렀다.

이 책은 헌법학자나 정치학자가 아닌 사회학자가 쓴 의원내각제 개헌론이다. 윤석열 전 대통령의 12.3 비상계엄 선포와 이로 인한 대통령 탄핵 사태는 개헌 논의에 불을 붙였다. 개헌 논의의 쟁점은 다양하지만 이번에는 무엇보다도 제왕적 대통령제 극복을 위한 개헌의 필요성이 그 중심에 놓이게 되었다. 물론 1987년 이후 단 한 번도 개정되지 않은 제6공화국 헌법과 특히 1987년 체제라고도 불리는 제6공화국 권력 체제의 한계가 여러 방식으로 드러나면서 일찍부터 개헌의 필요성이 지적되어왔다. 그렇지만 주로 집권 세력의 정치적 이해관계로 인해 그동안 개헌 노력과 논의가 지지부진해오다가 대통령의 비상계엄 선포와 탄핵으로 다시금 논의가 폭발하게 된 것이다.

나는 사회학자로서 그동안 한국 사회의 분열, 갈등, 대립, 협력, 연대, 통합 등에 관해 오랫동안 연구하면서 글을 써왔다. 그러던 중에 나의 책 『연대주의』(2012)에서 의원내각제가 대통령제보다는 사회적 연대와 협력에 더욱 친화적인 정부형태임을 주장한 바 있다. 그 이후에 나는 여러 논문을 통해 한국 사회를 분열형 사회로 규정하고 이를 극복하기 위해서는 의원내각제로의 전환이 필요하다는 점을 밝혀왔다. 그리고 그 근거로 연대와 협력, 그리고 민주주의 수준이 가장 높은 대표적인 선진국들, 예컨대 노르웨이, 덴마크, 스웨덴, 아이슬란드, 네덜란드, 핀란드, 뉴질랜드 등이 모두 실질적으로 의원내각제 방식으로 운영되는 국가라는 사실을 지적하였다(강수택, 2012: 488, 517; 2018: 13, 17).

윤석열 정부가 출범한 약 1년 후에는 의원내각제로의 개헌이야말로 한국 사회가 후진적인 정치행태에서 벗어나 선진적인 새로운 정치 실현을 하기 위해 이 시대의 시민들에게 주어진 시대적 과제임을 상세히 밝히는 글을 발표한 바 있다. 여기서 나는 대통령제에 비해 의원내각제가 선진국형 정부형태에 더 가깝다는 점, 국정 책임자의 리스크를 최소화하기 위해서는 대통령제 대신 의원내각제가 필요하다는 점, 정치적 선진화를 위해서는 의원내각제가 필요하다는 점, 사회문화적 선진화를 위해서도 의원내각제의 도입이 꼭 필요하다는 점 등을 역설하였다. 특히 윤석열 정부의 초기 약 1년에 대한 경험은 대통령제의 커다란 문제점인 국외자의 출현 가능성, 즉 정치적 경험이나 행정 경험을 거의 하지 않은 사람이 어떤 정치적 상황 속에서 급격히 부상하여 갑자기 대통령으로 당선될 가능성이 현실화되는 경우에 국가적으로 얼마나 심각한 부작용을 초래할 수 있는지를 잘 보여주었다. 그런데 정치적 신인 대통령이 국정 책임자로서 드러낸 국가적인 리스크는 대통령 임기 초기에만 국한되지 않았고 그 이후 더욱 심화되어 12.3 비상계엄이라는 초유의 사태를 발생시켜 마침내 정부의 종말까지 자초하고 말았다. 이렇듯 내가 심각하게 우려한 대통령제의 문제점이 내가 글을 발표한 지 얼마 지나지 않아 바로 현실화함으로써 대한민국의 국가 위기를 초래한 것이다(강수택, 2023a).

그런데 나는 거대 양당 체제가 굳건히 자리를 잡은 현실에서 의원내각제로의 전환이 곧바로 이루어지기는 쉽지 않다고 보았다. 게다가 소속 정당의 크기를 불문하고 주요 정치인들과 주변 사람들, 심지어 일반 국민들 그리고 특히 주요 언론 종사자들도 대부분 승자독식의 '대통령 게임'에 이미 친숙해져 있다. 그 결과 정치의 의미와 목표를 철저히 대통령 게임의 관점에서 바라보는 인식이 지배하고 있는 것이 대한민국 정치의 현실이다. 그러다 보니 비록 의원내각제 개헌이 한국 사회에 시급히 필요하지만 이것을 중장기적으로 추진할 수밖에 없지 않은가 하는 생각에서, 제22대 국회의원 선거를 앞두고 신생정당 창당 논의가 많이 이뤄졌을 때는 군소 정당과 신생정당을 향한 글을 발표하기도 했다. 즉 거대 양당 체제를 극복하고 다당제가 구현되어야만 활발한 정당 활동과 심지어 생존이 가능한 정의당 같은 군소 정당과 신생정당부터라도 의원내각제 도입을 명백한 목표로 삼을 것을 요구하는 글이었다. 그런데 이미 대통령 게임 참가에 큰 관심을 가진 주요 정치인들이 주도하는 정당들이나 그렇지 않더라도 이미 대통령제에 너무 친숙해진 군소 정당들은 대통령제 극복에는 별 관심을 두지 않았다. 그 결과 양대 정당이 위성정당을 만든 후 다시 통합하는 편법을 제21대 국회의원 선거에 이어 이번에도 이용함으로써 조국혁신당을 제외한 나머지 군소 정당이 거의 전멸하다시피 하였다(강수택, 2023b).

하지만 제22대 국회가 구성되어 활동한 지 몇 개월이 채 지나지 않은 2024년 말의 12.3 비상계엄과 이로 인한 대통령 탄핵 사태는 다시 한번 제왕적 대통령제 극복의 필요성에 대한 공감대를 폭발적으로 확산시키는 계기가 되었다. 탄핵 정국으로 인해 집권 가능성이 매우 커진 더불어민주당은 당연히 대통령제를 지키려고 대통령 4년 중임제를 제왕적 대통령제 극복을 위한 대안으로 주장한다. 여당인 국민의힘은 탄핵 정국에 대한 국민들의 관심을 돌릴 필요성 때문에 개헌 방향보다는 개헌 논의 확산에 더 큰 관심을 기울이면서도 야당과 마찬가지로 대통령제 극복보다는 4년 중임제로 대통령제를 지키는 데 더욱 경도되었다. 개헌 추진의 가장 큰 힘을 갖고 있는 여당과 야당 정치인들은 대부분 이처럼 철저히 현실 정치의 이해관계라는 관점에서 개헌 문제에 접근하고 있다. 이에 비해 현실 정치에서 어느 정도 벗어난 여야의 원로 정치인들을 비롯하여 일부 시민단체들은 제왕적 대통령제 극복의 필요성을 매우 강조하면서 그 어느 때보다도 의원내각제를 대안으로 제시하는 기류를 강하게 형성하고 있다. 비록 한국의 정부형태가 의원내각제로 전환하는 데 어느 정도 시간이 걸릴 수 있더라도 이 전환이 한국 정치의 가야 할 방향이라면 시간을 최대한 앞당길 필요가 있다. 그래서 의원내각제에 대한 바른 이해를 돕고 잘못된 인식을 바로잡는 데 일조함으로써 결국은 의원내각제 개헌에 힘을 보태려는 취지에서 이 책을 발간하게 되었다.

나는 이미 몇 년 전에 의원내각제로의 개헌 필요성에 대한 글을 발표한 후에 이런 논의를 담은 책의 출간을 권유받은 바 있다. 하지만 처음에는 내가 스스로 헌법학자나 정치학자가 아니라는 생각에 고사하였으나 최근 들어 한국 사회의 분열과 갈등 양상이 극단적으로 심해지는 것을 보면서 이러한 분열과 갈등의 원인을 밝히고 대안을 제시하여 사회적 연대와 통합에 기여하는 것이 사회학자의 본분이라 생각해서 이 책을 준비하였다. 나는 이 책을 통해 독자들에게 의원내각제가 단순히 대통령제, 이원정부제와 대등하게 각각의 장단점을 지닌 하나의 정부형태로서 오직 자유로운 선택의 대상이라기보다는 연대·협력형 선진사회와 선진 민주주의 사회로 가는 길에서 대통령제보다는 훨씬 더 선진적인 정부형태라는 사실을 깨닫는 데 도움을 주고자 한다. 그리고 이에 덧붙여 의원내각제에 대해 그동안 기존 정치권과 언론에 의해 주입된 여러 가지 잘못된 인식을 바로잡는 데 필요한 정보를 제공하고자 한다. 마지막으로 현상황에서 대한민국이 의원내각제 국가로 가는 길을 핀란드 사례를 참조하면서 제시하고 또한 한국 사회의 현실에 맞는 의원내각제 형태와 내용을 대한민국 제2공화국 사례, 독일 사례 그리고 핀란드 사례 등을 참고하여 제시해 보려고 한다. 이러한 정보와 전반적인 스케치는 의원내각제에 생소한 일반 독자들이 의원내각제에 대해 그동안 갖고 있었던 편견을 깨고 바른 이해에 도움을 주기 위한 것이다.

## 2

그렇다면 의원내각제란 무엇인가? 의원내각제(parliamentary system, 의회중심제)는 대통령제(presidential system)와 대조되는 정부형태로서 국가수반, 즉 군주 혹은 대통령과 정부수반, 즉 총리가 분리되어 있으며 총리 혹은 내각은 실질적으로 의회에서 선출되고 신임을 받아야 유지된다(최근에 헌법개정 운동을 하는 단체들에서 '의원내각제'라는 용어 대신에 '의회중심제'라는 용어를 쓰자는 논의가 있는 것으로 안다. 용어와 관련해서는 용어의 함의에 따라 장단점이 있고 여러 의견이 있을 수 있으므로 나는 이 책에서 기존에 익숙하게 사용해온 '의원내각제'라는 용어를 그대로 사용하고자 한다). 이에 비해 대통령제는 대통령이 국가수반이자 정부수반으로서 국민에 의해 선출되는 정부형태이다. 정부, 즉 대통령과 입법부, 즉 의회는 분리되어 있어서 대통령은 의회로부터 독립된 권한을 행사한다.

물론 의원내각제와 대통령제 사이에는 이 두 정부형태의 요소가 섞여 있는 혼합형 체제(hybrid system)도 있다. 그런데 어느 정부형태의 요소가 더욱 강한 힘을 발휘하느냐에 따라 혼합형 체제에도 다양한 유형이 존재한다. 그렇지만 혼합형 체제에서는 대부분 대통령과 총리가 실질적인 정부의 권한을 나누어 갖는데 일반적으로는 대통령이 외교 및 국방에 관한 권한을 그리고 총리는 내정에 관한 권한을 갖는다. 그래서 이러한 정부형태를 흔히 이원정부제(dual executive system)라고 부른다. 다른 말로는 이원집정부제라고 부르기도 한다. 여기서 대통령은 국민에 의해 직접 선출되며 총리는 의회의 신임을 필요로 한다. 국가의 상징적 존재로서 정부의 실질적인 권한이 없는 순수한 의원내각제 대통령과 달리 이러한 정부형태는 대통령이 국민에 의해 직접 선출될 뿐만 아니라 실질적인 정부의 권한도 제한적으로 갖는다는 점에서 준대통령제(semi-presidential system)라고도 불린다. 하지만 프랑스처럼 대통령 소속 정당이 의회 권력도 함께 가질 경우 대통령제와 별반 다르지 않은 막강한 권한을 대통령이 행사하는 형태의 준대통령제가 있는 반면에 핀란드와 아이슬란드처럼 대통령의 실질적인 권한이 대부분 총리와 내각으로 이양되어 대통령은 극히 제한적인 영향력만을 행사하며 총리와 내각이 대부분의 정부 권한을 행사함으로써 실질적으로는 의원내각제로 분류되거나 의원내각제에 가까운 형태의 준대통령제(이원정부제)도 있다. 물론 폴란드와 포르투갈처럼 이 둘 사이에 위치하는 형태도 있다.

의원내각제는 영국에서 가장 먼저 출현하여 발달해왔다. 중세에서 시작된 의회 발전과 의회에 의한 왕권의 제한이 의원내각제의 기원이라 할 수 있다. 영국의 귀족들은 국왕에게 조세 부과 등 중요한 결정에 참여할 권리를 요구했는데 특히 1215년의 마그나카르타(Magna Carta)는 왕권을 제한하고 귀족의 권리를 보장하는 중요한 계기가 되었다. 그후 국왕의 권력을 견제하기 위해 의회가 점차 강해져서 국왕이 중요한 정책을 추진하려면 의회의 동의를 받아야 하기에 이르렀는데 중세 말 시민계급의 성장은 이를 더욱 촉진시켰다. 17세기에 영국에서 발생한 청교도혁명과 특히 명예혁명은 왕권의 제한과 의회 권한의 강화를 통해 군주정의 절대적 권력을 무너뜨림으로써 의원내각

19세기 초 영국 상원

19세기 초 영국 하원

제의 형성에 결정적인 역할을 했다. 18세기 초에는 국왕이 내각을 구성하지만 실질적으로 의회 다수당의 대표가 총리가 되어 정부를 운영하면서 내각이 의회에 책임을 지는 내각책임제가 등장하여 자리를 잡아갔다. 이런 영국식 의원내각제는 먼저 네덜란드, 벨기에, 스웨덴 등 유럽 국가와 영국 식민지였던 캐나다, 오스트레일리아, 인도 등으로 점차 확산하였으며 19세기 말-20세기 초에는 독일, 이탈리아 등으로도 빠르게 확산하여 오늘날에는 의원내각제가 전 세계의 가장 대표적인 정부형태 혹은 정치체제가 되었다.

이에 비해 대통령제는 18세기 말 미국에서 처음 출현한 정치체제다. 미국독립전쟁 이후 미국의 건국자들은 입헌주의와 공화주의 이념에 따라 국왕의 권력을 대체할 새로운 정치체제가 필요하다고 보았다. 그래서 몽테스키외의 삼권분립론을 바탕으로 국가권력의 분산 및 견제와 균형을 중시하는 체제를 구상하게 되었는데 이렇게 해서 탄생한 것이 대통령제다. 미국은 1787년 헌법을 제정하면서 행정부, 입법부, 사법부의 삼권분립 및 상호 견제와 균형, 국민에 의해 선출되는 대통령의 강력한 행정권 등을 내용으로 하는 대통령제를 처음으로 도입한 후 지금까지 이어오고 있다. 19세기 이후에는 아르헨티나, 브라질, 멕시코 등의 중남미 국가들이 독립하면서 미국식 대통령제를 도입하였으며, 20세기에는 아프리카와 아시아의 여러 국가도 독립하면서 대통령제를 채택하거나 변형된 형태로 운영하는 등 대통령제가 빠르게 확산하면서 의원내각제와 함께 오늘날 대표적인 정부형태 혹은 정치체제가 되었다.

1789년 뉴욕 구시청에서 취임 선서를 하는 미국 초대 대통령 조지 워싱턴

 한편 혼합형 체제는 이들 의원내각제와 대통령제가 널리 확산하면서 이 두 체제의 요소가 결합된 형태로 등장했다. 대표적인 이원정부제 국가인 프랑스, 폴란드, 포르투갈 등은 모두 입헌군주제, 독재제, 대통령제, 의원내각제 등 다양한 정치체제를 경험한 국가들로서 심각한 정치적 혼란을 겪는 과정에서 혹은 민주화나 혁명을 통해 독재제로부터 벗어난 직후에 혼합형 체제를 도입했다. 혼합형 체제는 이를 도입한 국가들이 처한 여러 상황에 따라 매우 다양한 형태로 출현하여 불안정한 상태에서 지속적으로 변화하는 과정에 있는 경우가 많다. 예컨대 러시아처럼 대통령 권한이 점점 더 강화되어 실질적으로는 대통령제보다 더 강력한 권한을 지닌 대통령중심제 혹은 초대통령제로 변하기도 하고, 포르투갈처럼 대통령 권한이 약화되어 사

실상 의원내각제와 유사한 체제로 변하기도 한다. 핀란드와 아이슬란드의 경우는 형식상으로는 이원정부제지만 이미 사실상 의원내각제로 변하여 지금은 의원내각제 국가로 분류되고 있다. 혼합형 체제의 이러한 가변성 혹은 불안정성은 근본적으로 권력 구조의 불안정성에서 기인한다. 즉 대통령과 의회 권력 가운데 어느 쪽이 더 강력한가에 따라 그 성격이 매우 크게 변할 수 있다는 것이다.

3

이 책 본문의 내용은 크게 세 부분으로 구성되어 있다. 첫 번째 부분인 2장과 3장에서는 내가 사회학자로서 의원내각제를 주장하는 이유, 즉 한국 사회가 갈등과 대립으로 가득찬 사회로부터 벗어나 연대·협력형 선진사회로 나아가기 위해 가장 시급한 과제가 현재의 대통령제로부터 의원내각제로의 권력 구조 혹은 정부형태의 전환인 이유를 다룬다. 2장에서는 여러 지표를 통해 볼 때 지구상에서 가장 대표적인 연대·협력형 선진사회들이 대부분 의원내각제 정부형태를 취하고 있으며 일부 혼합형 체제도 있지만 대통령제 정부형태를 취하는 곳은 드물다는 사실을 실증적인 근거를 통해 보여줌으로써 연대·협력형 선진사회의 특징적인 정부형태는 바로 의원내각제임을 밝힌다. 3장에서는 그렇다면 왜 의원내각제가 연대·협력형 선진사회의 특징적인 정부형태인가라는 질문에 대한 답을 의원내각제의 협력 및 통합 효과와 대통령제의 갈등 및 양극화 효과에 대한 설명을 중심으로 제시한다. 그리고 이에 덧붙여서 의원내각제와 정치 이념 간의 특징적인 관계가 정치적·사회적 갈등에 끼치는 영향에 대해서도 간략히 설명한다.

두 번째 부분인 4장에서 8장까지에서는 의원내각제와 대통령제에 대한 올바른 이해를 돕기 위해 대통령제와 특히 의원내각제에 대해 한국 사회에 널리 퍼져 있는 잘못된 인식을 바로잡는 내용을 다룬다. 4장에서는 대한민국에서 극복의 대상으로 폭넓게 받아들여지고 있는 제왕적 대통령제와 일반적인 정부형태로서의 대통령제 사이의 관계를 설명하면서 제왕적 대통령제가 일반적인 대통령제 정부형태의 예외적인 현상이라기보다는 오히려 오늘날 지구상에 존재하는 대부분의 대통령제에 잠재해 있는 일반적인 위험 요소라는 점을 밝힌다. 5장은 의원내각제와 달리 특별히 대통령제에서 강조되는 임기 제한 및 중임 제한의 의미와 임기 및 중임제의 양상을 간략히 설명한 후 대통령 4년 중임제는 결코 제왕적 대통령제 극복의 길이 될 수 없다는 관점에서 이를 비판하는 나의 논지를 소개한다. 6장, 7장, 8장은 의원내각제에 대한 잘못된 인식들, 즉 의원내각제가 우리에게 낯선 제도라는 것, 의원내각제는 대통령제에 비해 정치적인 혼란을 야기하는 불안정한 제도라는 것, 의원내각제는 정치인, 정당, 국회가 신뢰받을 수 있을 만큼 선진화해야만 제대로 작동할 수 있는 제도라는 것, 그리고 의원내각제의 총리가 국회에 의해 선출되는 것은 국민주권의 실현을 위해 최고 권력자를 국민의 손으로 직접 뽑아야 하는 원칙에 부합하지 않는다는 것 등을 바로잡는 내용을 다룬다.

마지막 세 번째 부분인 9장과 10장에서는 의원내각제로의 전환을 위한 나의 개헌 구상을 다룬다. 9장은 대한민국에서 대통령제를 의원내각제로 전환하는 데 유리한 조건과 불리한 조건이 각각 무엇인지를 간략히 정리한 후에 의원내각제로 전환한 경험이 있는 해외의 사례들 가운데 평화롭게 의원내각제로 전환해온 '핀란드의 길'에 특별히 주목한다. 그래서 핀란드식 전환의 핵심을 이루는 두 가지, 즉 여러 차례의 개헌을 통해 점진적으로 전환이 이루어진 전환의 방법과, 대통령의 권한은 약화시키고 의회와 정부의 권한은 강화시키는 방향으로 개헌을 계속해온 전환의 내용을 소개한다. 그리고 정치적으로 안정된 대표적인 공화제적 의원내각제 국가 모델인 '독일 모델'과 '핀란드 모델'을 비교하면서, 의원내각제로의 전환 과정에서 쟁점이 될 수 있는 대통령 권한 및 총리 권한에 대해서도 소개한다. 이러한 논의를 바탕으로 나는 결국 한국에서 적절한 의원내각제 개헌의 구체적인 추진 방안을 소개한다. 추진 방안으로는 개헌안의 내용과 개헌 추진 일정이 특별히 중요하다. 개헌안의 내용으로는 핀란드 모델에 주목하여 그 핵심 내용을 소개한다. 개헌 추진 일정으로는 세 가지 일정 방안을 소개하면서 각각의 장단점에 대한 언급을 덧붙인다. 10장은 앞에서 이뤄진 논의들, 특히 9장의 논의를 바탕으로 의원내각제의 제7공화국 헌법개정안을 국회, 대통령 그리고 정부에 관련된 부분에 국한하여 구상한 내용을 제시한다. 헌법개정안을 제시하기 전에 이 글의 앞부분에서는 개정안의 핵심 요점을 간략히 정리하여 소개한다. 내가 여기서 소개하는 제7공화국 헌법개정안은 제2공화국 헌법의 국회, 대통령, 정부에 관한 내용 가운데 의원내각제에 관련된 부분을 바탕으로 제6공화국 헌법의 국회, 대통령, 행정부 관련 내용을 수정하여 기본틀을 마련한 후 그 위에서 일부 내용을 핀란드와 독일 모델을 중심으로 참조하면서 수정하거나 보완했다.

나는 한국 사회가 심각한 분열형 사회를 속히 벗어나 연대형 혹은 협력형 선진사회로 나아가기 위해서는 현재의 제왕적 대통령제로부터 가능한 한 빨리 의원내각제로 정부형태 혹은 정치체제가 전환되어야 한다고 생각한다. 이것이 사회문화적인 선진화의 길이요 진정한 정치적 민주화의 길이요 지속 가능한 경제 발전의 길이다. 그리고 중장기적으로는 진정한 한반도 분단 극복의 길이기도 하다. 나는 바로 이런 관점에서 의원내각제로의 전환에 기여하기를 간절히 바라는 마음으로 이 책을 출간하게 되었다. 독자들이 의원내각제 개헌의 필요성을 깨달아 힘을 보태는 데 자그마한 도움이 되기를 기대한다. 의원내각제에 관심을 갖고 이 책을 읽는 모든 독자에게 깊은 감사의 뜻을 표한다.

그리고 이 책 원고를 집필하는 동안 끝까지 응원해준 아내 박인옥에게 애정 어린 고마움을 표하며, 어려운 출판 환경 속에서도 이 책의 출간을 흔쾌히 허락해주시고 소중한 조언을 해주신 이학사 강동권 대표님과 신속한 출간을 위해 수고를 아끼지 않으신 편집부에도 깊은 감사의 뜻을 전한다.

# 2장
# 의원내각제는
# 연대·협력형 선진사회의 정부형태

오늘날 세계에서 가장 큰 경제적인 영향력을 행사하는 국가들로 이뤄진 G7 정상회의라는 것이 있다. 1976년 시작된 G7 정상회의 참가국은 미국, 독일, 영국, 일본, 프랑스, 이탈리아, 캐나다로, 이들은 2025년 국제통화기금(IMF) 기준으로 국내총생산(GDP) 규모 9대 국가에 속한다. 이들 9대 국가에는 중국과 인도가 함께 들어 있지만 이 두 나라는 G7 국가에 속하지 않고 G20 국가에 속한다. 대체로 국내총생산 규모 20대 국가를 중심으로 하되 대륙별 안배를 고려하여 구성된 G20 국가에는 이들 9개 국가 외에 한국, 러시아, 인도네시아, 호주, 멕시코, 브라질, 아르헨티나, 튀르키예, 사우디아라비아, 남아프리카공화국의 10개국과 유럽연합(EU) 및 아프리카연합(AU)이 속해 있다. 즉 G7은 세계에서 경제적인 영향력이 가장 큰 경제 선진국으로 이뤄져 있고 G20은 이들 경제 선진국과 경제적 영향력이 큰 신흥국으로 이뤄져 있다. G7과 G20은 경제 강대국들의 모임이라 할 수 있다.

세계 각국의 민주주의 정도를 측정하는 가장 권위 있는 도구로 "민주주의 지수(Democracy Index)"가 있는데 이것은 경제 전문 잡지 『이코노미스트』를 발간하는 이코노미스트 그룹 계열사인 이코노미스트 인텔리전스 유닛(The Economist Intelligence Unit, EIU)에서 선거 과정, 행정부 기능, 정치참여, 정치 문화 그리고 시민의 자유라는 다섯 개의 민주주의 요소를 바탕으로 각국의 민주주의 정도를 산정하는 것이다. 경제 선진국인 G7 국가들의 민주주의 지수 순위는 2023년 기준으로 조사 대상 167개국 가운데 독일 12위, 캐나다 13위, 일본 16위, 영국 18위, 프랑스 23위, 미국 29위, 이탈리아 34위로 10-30위권 사이에 위치한다. 이에 비해 신흥 경제 강국을 포함한 G20 국가들의 민주주의 지수는 매우 다양한데 G7 국가를 제외한 나머지 12개국은 14-56위 사이에 7개국이 90-150위 사이에 5개국이 위치한다. 특히 튀르키예 102위, 러시아 144위, 중국 148위 그리고 사우디아라비아는 150위로 전체 167개국 가운데 100위권 바깥에 위치하는 나라가 4개나 있다. 이렇게 본다면 국가의 경제력과 민주주의 발전 정도는 별개인 것을 알 수 있다.

서울대학교 이재열 연구팀은 세계가치조사(WVS), 유럽가치조사(EVS), 지니계수 등 1999-2012년 시기의 자료를 활용하여 83개국의 갈등 지수와 80개국의 사회통합 역량 지수를 산정한 후 이를 바탕으로 79개국의 사회통합 지수를 산정한 바 있다. 갈등 지표는 경제적 양극화, 사회적 양극화, 가치 양극화의 세 변수를, 사회통합 역량 지표는 공공 교육 지출, 고등교육 이수율, 공적 사회지출, 언론 자유, 여성 불평등지수, 투표율, 민주주의, 제도 투명성의 여덟 개 변수를 각각 바탕으로 만들어졌다(이재열 외, 2014: 145-147). 나는 79개국의 사회통합 지수 가운데 최상위 10개국, 즉 사회통합 지수가 가장 높은 10개국을 연대형 사회라고 부른 바 있다. 왜냐하면 이 연구팀이 제시한 사회통합 지표에는 구성원의 자율성, 사회적 갈등, 사회적 약자에 대한 고려 등이 비교적 적극적으로 반영되어 있어서 이런 사회통합 지표로 산정된 사회통합 지수는 연대형 사회를 판별하는 데에도 매우 유용하기 때문이다. 어쨌든 이 연구팀에서 제시한 10대 사회통합형 국가는 대표적인 연대형 국가 혹은 협력형 국가라고 불러도 큰 무리가 없는데, 〈표 1〉을 보면 노르웨이, 덴마크, 스웨덴, 아이슬란드, 네덜란드, 핀란드, 뉴질랜드, 호주, 스위스, 벨기에가 여기에 해당한다(강수택, 2019: 148 이하; 이재열 외, 2014: 133 이하).

이들 10개 연대형 혹은 협력형 사회의 사회통합 수준이 매우 높고 사회갈등 수준이 매우 낮다는 사실은 다른 여러 연구에서도 확인되는 사실이다(강수택, 2019: 149). 이처럼 사회통합 수준이 높고 갈등 수준이 낮다고 해서 이들 사회가 사회적 약자를 배제하는 사회적 강자 중심의 통합사회라는 것은 아니다. 노조조직률을 보면 경제협력개발기구(OECD) 최상위 5개국이 모두 여기에 속해 있으며 자료가 있는 나머지 3개국 역시 11위, 12위, 17위로 높은 조직률을 보인다. 유엔개발계획(UNDP)의 성불평등지수 순위에서도 6개국이 전체 조사 대상 188개국 가운데 최상위 10위권의 양성평등사회에 속하며 나머지 4개국 역시 13위, 14위, 22위, 23위로 이 나라들이 양성평등 수준이

<표 1> 연대형/협력형 사회의 특성과 한국 사회

| 국가 \ 특성 | | 사회통합 지수 | 갈등 지수 | 노조 조직률 | 성불평등 지수 | 국가 행복도 | 민주주의 지수 | 1인당 GDP | 정부 형태 |
|---|---|---|---|---|---|---|---|---|---|
| 연대형/협력형 사회 | 노르웨이 | 1위/79 | 1위/83 | 5위/26 (52.5) | 1위/188 | 2위/156 | 1위/167 | 4위/188 | 의원내각제 |
| | 덴마크 | 2 | 2 | 1(68.6) | 5 | 1 | 5 | 10 | 의원내각제 |
| | 스웨덴 | 3 | 3 | 2(66.8) | 14 | 5 | 2 | 12 | 의원내각제 |
| | 아이슬란드 | 4 | 4 | x | 9 | 9 | 3 | 5 | 의원내각제 |
| | 네덜란드 | 5 | 6 | 12(17.7) | 7 | 4 | 10 | 14 | 의원내각제 |
| | 핀란드 | 6 | 8 | 3(66.5) | 23 | 7 | 8 | 17 | 의원내각제 |
| | 뉴질랜드 | 7 | 7 | 11(17.9) | 13 | 13 | 4 | 21 | 의원내각제 |
| | 호주 | 8 | 11 | x | 2 | 10 | 9 | 11 | 의원내각제 |
| | 스위스 | 9 | 10 | 17(15.7) | 2 | 3 | 6 | 3 | 혼합형[1] |
| | 벨기에 | 10 | 18 | 4(54.2) | 22 | 21 | 26 | 20 | 의원내각제 |
| 비교 | 한국 | 40 | 58 | 22(10.1) | 18 | 41 | 21 | 30 | 대통령제 |
| | 미국 | 22 | 26 | x*(10.6) | 10 | 17 | 19 | 8 | 대통령제 |
| | 출처 | 이재열 연구팀 | 이재열 연구팀 | OECD 2015 | UNDP 2015 | UN 2013 | EIU 2014 | World Bank 2017 | |

\* 서베이 자료 수치는 한국과 비슷한 수준인 10.6%.

[1] 스위스의 정부형태는 매우 독특하다. 연방의회에서 선출된 7명의 연방평의회 위원이 정부를 구성하고 그 가운데 한 명이 1년 임기로 대통령을 맡는데 대통령에게 특별한 권한은 없다. 그리고 연방평의회 위원의 임기는 보장되어 있어서 입법부에 대해 책임을 지지 않는다. 여기서 정부의 구성 방식은 내각제 특성을 갖지만 구성된 정부의 독립성은 내각제 특성과 다르다. 그래서 스위스는 이원정부제가 아니고 혼합형 체제로 분류되지만 스위스식 내각제라고 불리기도 한다.

매우 높은 사회임을 알 수 있다. 즉 이들 10개 연대형 혹은 협력형 사회는 계급 간, 양성 간 연대를 기반으로 사회통합을 이룩하는 데 성공한 사회로 여겨진다. 그 결과 이들 10개 사회는 유엔의 국가 행복도 조사에서 전체 조사 대상 156개국 가운데 최고 10위권에 8개나 속할 정도로 국가 행복도 수준이 높은 사회가 되었다.

여기서 내가 특히 흥미롭게 생각하며 주목하는 점은 이들 연대·협력형 사회 10개국 중 9개국이 167개국을 대상으로 조사한 민주주의 지수 최상위 10개국에 모두 들어 있다는 것이다. 이것은 G7 국가가 민주주의 지수 10-30위권 사이에 위치하며, 특히 G20 국가의 민주주의 지수가 최고 12위에서 최하 150위 사이에 위치하는 것과 매우 뚜렷이 비교된다. 어쨌든 이들 10개 연대·협력형 사회는 사회적 약자 집단과의 연대를 바탕으로 높은 수준의 사회통합에 성공한 최고 수준의 민주주의 사회라고 말할 수 있다. 연대·협력형 사회의 이러한 특징은 한국 사회와 뚜렷이 대조된다. 즉 한국은 사회통합 수준이 79개국 가운데 40위이며 사회갈등 수준은 갈등 지수 58위로 83개국 가운데 26번째로 높은 것을 알 수 있다. 한국 사회의 높은 갈등 수준과 낮은 통합 수준은 다른 여러 연구에서도 확인된다. 양성평등 순위는 이들 사회에 비해 크게 낮지 않지만 노조조직률은 경제협력개발기구 조사 대상 26개국 가운데 22위로 이들 사회에 비해 크게 낮은 것을 알 수 있다. 그 결과 한국의 국가 행복도 순위는 전체 156개국 가운데 41위로 이들 사회와 현저한 차이를 나타낸다. 한국의 민주주의 지수는 167개국 가운데 21위로 한국이 비교적 높은 수준의 민주주의 국가임을 보여주지만 벨기에를 제외한 나머지 9개국과의 차이는 비교적 크다는 것을 알 수 있다(강수택, 2019: 149).

내가 이 책에서 사회적 약자와의 연대에 기반한 사회통합 수준이 한국 사회에 비해 현저히 높을 뿐 아니라 국가 행복도와 민주주의 수준 역시 한국 사회에 비해 현저히 높은 이들 최고 수준의 연대·협력형 사회에 특별히 주목하는 이유는 이들 사회의 정부형태가 혼합형인 스위스를 제외하고 모두 의원내각제를 취하고 있다는 점 때문이다. 적어도 이들 10개국 가운데는 한국처럼 대통령제를 취하는 곳이 없다. 대통령제를 처음으로 만들어서 중남미와 아프리카 등 세계 곳곳에 전파한 미국은 대통령제가 일찍부터 성공적으로 자리를 잡은 비교적 드문 경우다. 미국은 이러한 성공적인 정치체제로 이룩한 세계 최대의 경제력을 바탕으로 지금 G7 국가들과 함께 세계경제를 주도하는 위치에 있다. 하지만 미국은 국내적으로 볼 때 사회통합 수준, 국가 행복도 그리고 민주주의 수준에서 비록 한국보다는 앞서지만 이들 연대·협력형 사회에 비해서는 다소 떨어지는 위치에 있다.

한국은 현재 국내총생산 규모 12위로 G20 국가에 속해 있으면서, 앞으로 G7, G8 혹은 G10 같은 경제적으로 더 앞선 선진국권에 진입하는 것을 중요한 목표로 삼아왔다. 그런데 G7 국가 가운데 10개 연대·협력형 사회에 속하는 나라는 없다. 즉 G7 국가들은 경제력에서는 이들 10개 연대·협력형 국가에 비해 강대국이지만 사회통합 수준, 국가 행복도, 민주주의 수준에서는 이들보다 떨어진다는 것이다. 물론 10개 연대·협력형 사회도 비록 G7 정도의 경제 강국은 아니지만

1인당 GDP 순위에서는 188개국 가운데 3-21위에 위치할 정도로 경제적으로 풍요로운 국가이다. 한국 사회는 현재 지속적인 경제 발전이 필요한 사회일 뿐만 아니라 사회적 약자와의 연대에 기반한 사회갈등의 성공적인 관리가 필요한 사회이며 이를 통해 국민 행복 수준의 제고가 시급히 요구되는 사회이기도 하다. 성공적인 통합과 행복 수준 제고는 경제 발전의 지속가능성을 높이기 위해서도 이제는 꼭 필요하다. 이렇게 본다면 한국 사회는 G7, G8 혹은 G10 국가 진입을 목표로 삼기보다는 10대 연대·협력형 사회를 모범으로 삼고 여기에 속하기 위해 노력하는 것이 더욱 적절할 것이다.

그런데 문제는 미국을 제외한 G7 국가나 특히 10대 연대·협력형 사회는 모두 대통령제 국가가 아니라는 점이다. 여기에는 프랑스와 스위스 같은 혼합형 국가도 있지만 나머지는 모두 의원내각제 정부형태를 취하고 있다. 〈표 2〉는 정치적, 경제적, 사회적 선진사회를 나타내는 대표적인 각종 지수에 따른 상위 15개국 명단과 한국 및 미국의 위상을 함께 보여준다.

2023년 기준으로 세계은행에서 작성한 국내총생산 규모 15위 국가 중에는 의원내각제 국가가 8개로 가장 많지만 대통령제 국가도 4개나 되며, 이 외에 혼합형 국가가 프랑스와 러시아의 2개 그리고 공산당 지배체제인 중국이 포함되어 있다. 즉 대표적인 경제대국의 정부형태는 다양할 뿐 아니라 이들 국가가 꼭 정치적인 선진국인 것도 아니라는 것을 알 수 있다. 러시아의 민주주의 지수는 167개국 가운데 144위이며 중국은 148위로 이 두 국가는 권위주의체제로 분류

<표 2> 선진사회의 지수와 순위

| 지수\순위 | 지니계수 | GDP 대비 공공사회 지출 비율 | 성불평등 지수 | 사회 진보 지수 | 민주주의 지수 | 국가 행복도 | 국내 총생산 (명목) |
|---|---|---|---|---|---|---|---|
| | 2024 기준 최근 추정치 | 2022 | 2022 | 2022 | 2023 | 2023 | 2023 |
| 1위 | **노르웨이** | 프랑스 | **덴마크** | **노르웨이** | **노르웨이** | **핀란드** | *미국* |
| 2위 | **슬로바키아** | 이탈리아 | **노르웨이** | **덴마크** | **뉴질랜드** | **덴마크** | 중국 |
| 3위 | **슬로베니아** | 오스트리아² | 스위스 | **핀란드** | **아이슬란드** | **아이슬란드** | 독일 |
| 4위 | **벨라루스** | **핀란드** | **스웨덴** | 스위스 | **스웨덴** | *이스라엘* | 일본 |
| 5위 | *우크라이나* | **벨기에** | **네덜란드** | **아이슬란드** | **핀란드** | **네덜란드** | 인도 |
| 6위 | **몰도바** | 스페인 | **핀란드** | **스웨덴** | **덴마크** | **스웨덴** | 영국 |
| 7위 | **네덜란드/ 벨기에** | 독일 | UAE | **네덜란드** | **아일랜드** | **노르웨이** | 프랑스 |
| 8위 | | **덴마크** | 싱가포르 | 독일 | 스위스 | 스위스 | 이탈리아 |
| 9위 | **아이슬란드** | 일본 | **아이슬란드** | 일본 | **네덜란드** | **룩셈부르크** | *브라질* |
| 10위 | **체코** | **캐나다** | **룩셈부르크** | **캐나다** | 대만 | **뉴질랜드** | **캐나다** |
| 11위 | **핀란드** | 포르투갈 | **벨기에** | **오스트리아** | **룩셈부르크** | **오스트리아** | *러시아* |
| 12위 | **덴마크** | 그리스 | **오스트리아** | 호주 | 독일 | 호주 | *멕시코* |
| 13위 | *알제리* | **스웨덴** | **슬로베니아** | **아일랜드** | **캐나다** | **캐나다** | 호주 |
| 14위 | **키리바시** | **슬로베니아** | 이탈리아 | **룩셈부르크** | 호주/ 우루과이 | **아일랜드** | 한국 |
| 15위 | *카자흐스탄* | 폴란드 | 스페인 | **뉴질랜드** | | *미국* | 스페인 |
| 한국 | 35/162 | 34/38 | 16/166 | 17/169 | 22/167 | 57/137 | 14/209 |
| 미국 | 106/162 | 16/38 | 44/166 | 25/169 | 29/167 | 15/137 | 1/209 |
| 자료 발간 기관 | World Bank | OECD | UNDP | Social Progress Imperative | EIU | UN | World Bank |

\* **볼드체** = 의원내각제 국가, *이탈릭체* = 대통령제 국가, 밑줄 = 이원정부제(혼합형) 국가,
UAE = 준입헌군주제 국가, 중국 = 일당 국가.

된다. 나머지 13개 국가 중에서도 온전한 민주주의(full democracy) 국가로 분류되는 곳은 8개에 불과하며, 4개 국가는 29-51위로 결함 있는 민주주의(flawed democracy) 국가로, 그리고 멕시코는 90위로 민주주의와 권위주의의 혼합 체제(hybrid regime)로 분류된다. 이에 비해 민주주의 수준이 가장 높은 10개국은 내각제와 대통령제의 혼합형을 취하는 스위스와 대만 두 국가를 제외하고 모두 의원내각제 국가들이다. 범위를 15개국으로 넓혀도 공동 14위의 우루과이를 제외하고는 대통령제 국가가 없다. 대통령제의 한국은 22위 그리고 미국은 29위로 모두 20위권을 벗어나 있다.

각국의 경제적, 사회적 평등 및 복지의 수준을 알려주는 대표적인 측정 방법들로는 지니계수(Gini coefficient), 성불평등지수(GII, Gender Inequality Index), GDP 대비 공공사회지출 비율 등이 있다. 〈표 2〉는 지니계수, 성불평등지수, GDP 대비 공공사회지출 비율에서 각각 최고 15위를 차지한 국가들의 명단을 보여주는데, 지니계수의 경우 162개국 가운데 15위에 해당하는 국가의 정부형태는 혼합형 4개를 제외하고 모두 의원내각제인 것을 알 수 있다. OECD 38개국을 대상으로 조사한 GDP 대비 공공사회지출 비율 상위 15개국은 혼합형 3개 국가를 제외하고 모두 의원내각제 국가다. 지니계수에 의한 한국의 경제적 평등 수준은 162개국 가운데 35위로 30위권 바깥이며 공

---

2  오스트리아를 간혹 이원정부제 국가라고 보기도 하지만 이것은 형식적인 관점에서다. 오스트리아는 대통령의 역할이 상징적인 역할에 가까워서 일반적으로는 이원정부제적 요소가 약간 남아 있는 의원내각제 국가로 분류된다.

2024년 6월 G7 정상회의에 참석한 유럽연합, 독일, 캐나다, 프랑스, 이탈리아, 미국, 일본, 영국

공사회지출 비율은 38개국 가운데 34위로 최하위권이다. 같은 대통령제 국가인 미국의 공공사회지출 비율은 중위권이지만 지니계수에 의한 경제적 평등 수준은 100위권 바깥으로 열악하다. 성불평등지수 상위 15개국 가운데는 준입헌군주국(semi-constitutional monarchy)인 아랍에미리트와 혼합형 국가 스위스를 제외한 13개국이 모두 의원내각제 국가다.

〈표 2〉는 사회 진보 지수와 국가 행복도 순위도 보여주는데 이들은 공통적으로 GDP로 측정되어온 기존의 국가 평가를 개선하기 위한 방안으로 제시되어온 지표들이다. 국가 행복도는 유엔의 지속가능한개발 솔루션 네트워크(SDSN)에서 1인당 국내총생산, 사회적 지

지, 기대 건강 수명, 생활의 자유 선택, 나눔 정신, 부패에 대한 인식의 여섯 지표를 토대로 측정하는 것이며, 사회 진보 지수는 비영리단체인 사회진보명령(Social Progress Imperative)이 인간의 기본욕구, 웰빙의 토대, 기회의 세 영역에 해당하는 건강, 주거, 위생, 평등, 포용, 지속가능성, 개인의 자유와 안전 등 시민들의 사회적, 환경적 욕구를 국가가 충족시키는 정도를 측정하는 것이다. 2023년 국가 행복도 최상위 15개국을 보면 15위인 대통령제 미국과 혼합형 국가 스위스를 제외한 13개국 모두가 의원내각제 국가들이다. 2022년 사회 진보 지수 최상위 15개국에는 대통령제 국가가 없고 혼합형 국가 스위스를 제외한 나머지 모두 의원내각제 국가들이다.

〈표 2〉가 보여주는 것은 세계 최고의 선진사회 가운데 압도적인 다수는 의원내각제 정부형태를 취하는 데 반해 대통령제를 취하는 경우는 매우 드물다는 점이다. 경제 강국 가운데는 대통령제 국가가 몇 개국 있지만 의원내각제 국가보다 훨씬 적다. 이뿐만 아니라 정치적 민주주의 선진국이나 사회적·경제적 평등과 복지, 사회적·환경적 진보, 그리고 국가 행복도에 따른 최상위권 선진국은 거의 대부분 의원내각제 국가들이다. 그러한 선진국들 중 스위스처럼 내각제에 가까운 혼합형 국가는 있지만 대통령제 국가는 매우 드물고 그것도 민주주의 지수와 국가 행복도 15위권 국가들 중에서는 제일 끝에서 한 국가씩만 발견된다. 즉 대표적인 선진사회에서는 의원내각제가 일반적인 정부형태이며, 특히 정치적, 사회경제적, 환경적인 선진사회에서는 대통령제가 매우 드문 정부형태임을 알 수 있다.

# 3장
# 왜 의원내각제가 대통령제보다 연대·협력형 선진사회에 더욱 유리한가?

그렇다면 오늘날의 시대 상황에서 선진사회, 특히 정치적으로, 사회경제적으로 또한 생태적인 관점에서 선진화된 사회에서 의원내각제가 일반적인 정부형태인 데 반해 대통령제는 드문 이유는 무엇인가? 그것은 단지 우연의 결과인가? 의원내각제가 일반적인 유럽 국가의 근대화 역사는 긴 데 반해 대통령제가 널리 보급된 중남미와 아프리카 국가의 근대화 역사는 짧기 때문인가? 아니면 의원내각제 정부형태가 대통령제에 비해 사회의 선진화에 더욱 유리한 어떤 요인이 있기 때문인가? 그렇다면 그것은 무엇인가?

**1. 의원내각제의 협력·통합 효과**

의원내각제에는 크게 웨스트민스터식이라고 불리는 영국형과 합의 체제라고 하는 서유럽형의 두 유형이 있다. 독일, 스페인, 스웨덴 등 대부분의 서유럽 국가에서 발견되는 합의 체제 유형에서는 선거제도로 비례대표제를 선호하는 경향이 커서 다당제가 발달해 있다. 그 결과 어느 정당도 단독으로 내각 구성에 필요한 의회 과반석을 차지하기 어렵기 때문에 둘 이상의 정당이 함께 내각을 구성하는 연립정부가 일반적인 형태다. 이 유형에서는 소수 정당이나 신생정당의 의회 진출과 내각 참여가 상대적으로 쉬운 편이어서 국민의 다양한 목소리가 국정 운영에 반영될 수 있다는 장점이 있다.

이에 비해 영국에서 전형적으로 보여지는 웨스트민스터 체제에서는 단순다수제 선거제도로 인해 양당제가 자리잡게 되고 그 결과 단일정당에 의한 내각 구성이 이뤄지는 경향이 뚜렷하다. 대체로 영연방국가에서 발견되는 이런 유형에서는 소수 정당이나 신생정당이 의회에 진출하기 어렵다. 하지만 영연방국가 중에서도 뉴질랜드, 남아프리카공화국 등 여러 나라에서는 다양한 유형의 비례대표제를 선거제도로 도입하면서 다당제와 연립정부가 자리를 잡고 있다.

**1) 다당제와 연립정부의 효과**

이와 같이 의원내각제 국가에서는 비록 영국처럼 양당제가 자리잡고 있는 곳도 여전히 있지만 대개 다당제를 바탕으로 여러 정당이 함께 내각을 구성하는 연립정부가 일반적인 경향이다. 이러한 의원내각제 국가에서는 우선 환경, 농민, 소수민족, 소수 지역 등 관심과 이해관계가 다양한 정치세력이 입법부에 진출하여 이들의 다양한 목소리

하원에서 발언하는 아일랜드 연립정부 총리 미할 마틴

를 반영할 수 있다는 점이 중요하며, 또한 내각 구성을 위해 여러 정치세력이 대화, 협상, 연대하는 문화가 일상화되어 있다는 점도 중요하다. 국민의 서로 다른 목소리를 반영하는 정치세력이 서로 적극적으로 대화, 타협, 협력하는 것은 결국 시민사회에서의 대화, 타협, 협력, 연대 등을 가능하게 하는 힘이 될 뿐 아니라, 실제로 이들 다양한 정치세력에 의해 구성된 연립정부의 정책을 통해서 이러한 것들이 정책적으로 혹은 제도적으로 촉진되기도 한다.

물론 대통령제에서도 연립정부의 구성이 불가능하지는 않다. 1998년 김대중 정부의 출범은 새정치국민회의와 자유민주연합의 연립정부 형태로 이뤄졌다. 하지만 이 연립정부는 대한민국 대통령제에서 처음이자 유일한 연립정부였으며 대통령 임기 5년을 채우지 못한 채 2001년 붕괴되고 만 연립정부이기도 했다. 의원내각제와 달리 대통령제에서는 정부의 권한이 대통령에게 집중되어 있기 때문에 연립정부를 통한 권력 분점은 뚜렷한 한계를 지닌다. 그 결과 대통령제의 연립정부는 성립되기가 쉽지 않지만 성립된 이후에도 매우 불안정하여 지속되기가 어렵다. 흥미로운 점은 김대중 정부가 연립정부 구성에 성공할 수 있었던 것은 새정치국민회의와 자유민주연합이 대통령 임기 중에 의원내각제 개헌을 실시하기로 사전에 합의했기 때문이었다. 즉 대한민국 헌정사에서 유일한 사례였던 당시 김대중 대통령의 연립정부조차 의원내각제 도입을 매개로 가능했으며 이 약속이 깨짐으로써 결국 연립정부의 붕괴로 이어졌다는 점은 대통령제에서의 연립정부 구성과 유지가 얼마나 어려운 일인지를 잘 보여준다.

### 2) 정부와 의회의 협력과 협치 관계

의원내각제는 또한 정부가 의회의 신임을 유지하는 것을 필수적인 전제 조건으로 삼는다. 내각은 과반 의석에 해당하는 정당 간 협의를 통해 구성되므로 의회 과반수 신임을 확보하는 셈이다. 하지만 정부가 어떤 정책을 추진하는 과정에서 정책에 대한 입장 차이 때문에 연립정부에 참여한 정당의 이탈이 발생할 수 있을 뿐 아니라 내각불신임권을 갖고 있는 의회가 총리에 대한 불신임을 추진함으로써 내각이 붕괴될 수도 있다. 그러므로 대통령 임기가 정해진 대통령제의 정부와 달리 의회의 신임에 의존해 있는 의원내각제의 정부는 의회의 신임을 유지하기 위해 다양한 민심에 훨씬 더 민감하게 반응하는 책임정치를 실현하기 쉽다. 왜냐하면 의회의 각 정당이 무엇보다 더 큰 관심을 기울이는 것은 바로 자신들이 대변하려는 국민들의 민심이기 때문이다. 이처럼 의회의 신임을 유지하는 데 큰 관심을 기울일 수밖에 없는 의원내각제 정부는 비록 야당이라 하더라도 상반되는 입장이 아니라면 이들과의 지속적인 대화와 타협을 통해 협력을 유지할 필요성이 대통령제 정부보다 훨씬 더 크다.

결국 의원내각제에서는 기본적으로 입법부 권력과 정부 권력이 일치하여 양 국가기관 간에 대립과 갈등 대신에 협력과 협치가 일상화될 뿐 아니라 정부가 의회의 신임을 안정적으로 유지하기 위해 의회의 다른 정치세력과의 대화와 협력도 중시하는 경향이 있다. 게다가 흔히 합의 체제라고도 불리는 서유럽형 의원내각제에서는 영국형과 달리 본회의에서의 토론과 결성보다 의회 산하 위원회에서의 심층적인 논의를 더욱 중시하는 경향이 있다. 그런데 이들 위원회는 다양한 정당 소속 의원으로 구성되어 있어서 정당 간의 협력과 갈등 조정의 장이 될 뿐 아니라 공청회나 전문가 초청 등을 통해 시민사회의 의견을 수렴하여 이를 정책 결정 과정에 반영하기도 한다.

이처럼 의원내각제에서의 정부와 의회 관계나 정당 간의 관계가 대화와 협력에 상대적으로 유리한 데 비해, 대통령제에서는 의회의 다수당과 대통령 소속 정당, 즉 입법부 권력과 행정부 권력이 불일치하는 여소야대(與小野大) 정국이 형성되어 이들 두 국가기관 간의 극단적인 대립 상황이 야기되는 경우가 많다. 1987년 이후 대한민국 제6공화국의 역대 정부에서는 여소야대가 매우 일반적인 현상이었다. 그래서 여당은 국회 과반 의석을 확보하려고 무소속 의원 영입, 야당 의원 빼 오기, 인위적인 합당 등을 시도하는 과정에서 여당과 야당 사이의 갈등과 대립이 극심해지는 경우가 비일비재하였다. 정치권에서의 이러한 극심한 갈등과 대립은 자연스레 일반 시민들에게도 전달되어 시민들 사이에 정치적 입장을 둘러싼 갈등과 대립이 매우 심해졌다.

그런데 여소야대로 인한 입법부 권력과 행정부 권력의 불일치가 최근에는 매우 끔찍한 사태까지 불러일으켰는데 그것은 바로 대통령 탄핵으로 이어진 윤석열 전 대통령의 12.3 비상계엄 선포였다. 대통령은 의회 의석의 약 3분의 2 가까이를 차지한 야당의 입법 발의, 국무위원 탄핵, 예산안 삭감 등이 이어지면서 행정부 권력을 행사하는 데 뚜렷한 한계를 경험하자 입법부를 무력화시키려는 의도로 불법적인 비상계엄을 선포했다가 결국 정권의 붕괴를 초래하였다. 윤석열 전 대통령뿐만 아니라 그 이전의 노무현, 박근혜 전 대통령 역시 여소야대 상황에서 탄핵 소추가 이뤄진 바 있다. 노무현 전 대통령은 대한민국 헌정사에서 최초로 탄핵 소추되었으나 헌법재판소의 탄핵 심판에서 인용되지 않아 대통령직으로 복귀한 데 비해, 박근혜 전 대통령은 탄핵 심판이 인용되어 최초로 탄핵된 대통령이 되었다. 어쨌든 박근혜, 윤석열 두 전직 대통령의 탄핵은 이들이 탄핵 사유에 해당하는 정도의 위헌적이고 위법한 행위를 한 것으로 헌법재판소가 판결한 결과지만 제6공화국의 8명 대통령 가운데 3명이나 의회에서 탄핵 소추되었다는 것은 그 정도로 대통령제의 대한민국에서 입법부 권력과 행정부 권력 사이의 대립과 갈등이 극단적으로 심했음을 잘 보여준다. 문제는 이러한 극단적인 대립과 갈등이 단지 정치권만의 현상으로 머물지 않고 일반 국민들에게도 그대로 전달되어 탄핵 상황에서는 탄핵 찬반을 둘러싸고 일반 국민들 사이에 매우 심각한 대립과 갈등을 불러일으킨다는 점이며, 더 나아가 탄핵 상황이 종료된 이후에도 국민들의 정치적인 분열과 갈등에 지속적으로 영향을 끼친다는 점이다.

이런 점을 생각한다면 정치인들뿐 아니라 일반 시민들 사이에서도 정치적인 분열과 갈등이 매우 심각한 한국 사회에서는 행정부와 입법부가 그리고 여당과 야당이 심각하게 대립하고 갈등하는 상황이 일상적으로 벌어지는 대통령제를 이제는 이들이 서로 대화하고 협력하기에 훨씬 유리한 의원내각제로 전환시킬 필요성이 너무나도 크다고 말할 수밖에 없다.

### 3) 국가수반의 사회통합 역할

의원내각제가 대통령제에 비해 정치적, 사회적 협력과 통합에 유리한 또 다른 중요한 이유가 있다. 그것은 국가수반의 통합적 역할 때문이다. 대통령제에서는 대통령이 국가수반이자 동시에 행정부수반인 데 비해 의원내각제에서는 국가수반과 정부수반이 다르다. 내각제에서는 총리가 내각을 실질적으로 책임지는 정부의 수반인 데 비해 대통령은 정부에 대한 실권은 갖지 않은 채 국가의 수반으로서 대외적으로는 국가를 대표하는 상징적인 역할을 하면서 대내적으로는 정치적으로 혹은 사회적으로 통합하는 역할을 하는 것이다.

총리는 비록 정부의 수반으로서 모든 국민의 목소리와 이해관계를 대변할 책임이 있지만 특정한 정당에 소속된 현실 정치인으로서 그 정당의 이해관계와 그 정당이 대변하는 국민들의 목소리에 우선적으로 관심을 기울일 수밖에 없다. 그 결과 총리는 서로 다른 이해관계와 목소리를 강조하는 정당들과 국민들 사이에서 불가피하게 긴장과 갈등을 경험할 수밖에 없어서 정치적 혹은 사회적 통합의 역할을 수행하는 데 분명한 한계를 지닌다. 이것은 대통령제의 대통령도 마찬가지다. 대통령제의 대통령은 비록 행정부수반일 뿐 아니라 국가수반으로서 통합적인 역할도 요구받지만 소속 정당의 이해관계와 그 정당을 지지하는 국민들의 목소리에 우선적으로 관심을 기울일 수밖에 없는 현실 정치인이기도 하기 때문에 정치적 혹은 사회적 통합 역할을 수행하는 데에는 분명한 한계가 있다. 오히려 대통령제의 대통령은 양당제 속에서 야당의 끊임없는 견제와 비판으로부터 자신을 그리고 더 나아가 소속 정당을 지키려는 과정에서 불가피하게 야당과의 차별화 전략을 사용할 수밖에 없다는 점에서 대통령의 통합 역할에는 분명한 한계가 따른다.

이에 비해 의원내각제의 국가수반은 입헌군주제의 경우 군주가 그 역할을 맡지만 공화제의 경우는 정당 소속과 무관하게 국민의 높은 신뢰를 받는 시민 가운데서 선출된 대통령이 그 역할을 맡기 때문에 현실 정치의 이해관계로부터 비교적 자유로운 편이다. 이탈리아에서처럼 국회 중심의 대통령 선출 회의에서 3분의 2 이상의 찬성을 필요로 하든지 독일에서처럼 연방의회(Bundestag) 의원과 각 주의 대표단으로 이뤄진 연방회의(Bundesversammlung)에서 과반수 찬성을 필요로 하든지 나라마다 선출 방식과 기준은 다르지만 대통령은 적어도 주요 정당들과 국민들에게서 거부감이 적은 후보 가운데 선출되는 것이 일반적인 경향이다. 그러므로 입헌군주제의 군주나 공화제의 대통령은 국가수반으로서 밖으로는 국가를 대표하는 역할을 하지만 안으로는 현실 정치인인 총리가 행하기 어려운 정치적 혹은 사회적 통합 역할을 수행하기에 좋은 위치에 있다. 대통령제에서는 대통령에게서 이런 역할을 기대하지만 앞에서 언급했듯이 대통령제의 대통령은 뚜렷한 한계가 있다는 점에서 이것은 의원내각제의 큰 장점이라고 볼 수 있다.

나는 독일 유학 시절 제6대 독일 대통령 리하르트 폰 바이츠제커(Richard von Weizsäcker)를 경험한 바 있다. 그는 5년 임기인 대통령을 연임하여 1984-1994년 재임하는 동안 1990년 헬무트 콜(Helmut Kohl) 서독 총리와 함께 동독과의 통일에 크게 기여한 인물이다. 통일 전에는 나치 독일에 대한 책임을 강조함으로써 독일 국민의 양심을 일깨웠으며 냉전 시기 동유럽 국가와의 관계 개선을 위해 노력했다. 통일 후에는 통일 독일의 대통령으로서 동독인을 위한 서독인의 경제적 연대와 외국인 이민자 통합을 촉구하는 등 독일 사회의 통합

독일기독교민주연합 연방 집행부 기자회견에서 리하르트 폰 바이츠제커(가운데)와
헬무트 콜(오른쪽)

이 매우 필요한 시기에 사회적 통합 역할을 훌륭하게 수행한 것으로 높이 평가받고 있다. 그는 국가적 양심의 수호자로 불리우며, 역사학자들은 그가 대통령으로 선출된 후 독일 정부의 도덕적 위상이 크게 향상되었다고 평가한다. 대통령이 갖는 이러한 국가의 정신적 지도자 역할과 사회통합적 역할은 현실의 권력정치에 깊이 관련되어 있는 총리에게서는 기대하기 어렵다.

## 2. 대통령제의 갈등·양극화 효과

의원내각제가 갖는 협력·통합 효과와 달리 대통령제는 정치적·사회적인 갈등과 양극화를 부추기고 이를 심화시키는 경향이 있는데 그것은 대통령제가 갖고 있는 속성으로부터 비롯된다. 이들 속성 가운데 중요한 몇 가지를 열거하면 다음과 같다.

### 1) 승자독식 구조와 양당 체제

먼저 대통령제에서의 대통령 선거는 승자독식 구조를 특징으로 한다. 즉 선거에서 1위로 당선되지 않으면 아무런 의미가 없기 때문에 선거 과정에서 1위로 승리하기 위해 법이 허용하는 온갖 방법을 동원하여 매우 치열하게 경쟁하게 된다. 그런데 이러한 경쟁이 단지 선거 과정에서만 일어나는 것은 아니다. 대통령 후보를 노리는 정치인들이나 각 정당은 다음 선거 때까지 끊임없이 상대방 유력 정치인이나 다른 정당의 약점을 끄집어내어 비난하는 방식으로 극단적인 갈등과 대립을 이어가려는 경향이 있다.

이러한 대통령 선거의 승자독식 구조는 다당제의 발전을 어렵게 함으로써 거대 양당 체제를 초래하는 경향이 있다. 대통령 선거에서는 결국 1위와 2위 사이의 경쟁이 가장 중요한 관심사가 되므로 모든 정치세력이 양대 진영으로 재편되기 쉽다. 물론 여러 정당이 공동으로 특정한 한 후보를 지원할 수도 있다. 하지만 그 후보가 일단 대통령으로 당선되면 엄청난 권한이 대통령에게 주어지기 때문에 이들 정당은 대통령 후보를 배출한 정당을 중심으로 재편되는 경우가 많다. 특히 대통령이 속한 집권 여당이 의회에서 과반 의석을 확보하지 못한 경우에는 이를 보충하기 위해 대통령에게 주어진 엄청난 권한이나 자원을 활용하여 중소 정당 의원들을 적극적으로 끌어오거나 아니면 이들과의 합당을 시도하기도 한다. 주권자인 국민들 역시 대통령으로 당선될 가능성이 큰 후보와 소속 정당에 더욱 크게 주목하기 때문에 결국은 1위 후보 정당과 2위 후보 정당 외에는 경쟁력을 유지하기 어렵게 된다. 이처럼 대통령제에서는 다당제보다는 거대 양당 체제가 자리잡기 쉬운데, 양당 체제에서는 다당제에서보다 정당 간에 대화, 타협, 협력의 필요성이 훨씬 작은 반면에 경쟁과 대립은 훨씬 더 치열해진다.

거대 양당 체제를 다당제로 전환시키는 중요한 방안으로 널리 사용되는 선거제도가 비례대표제다. 양당제를 특징으로 하는 영국형 의원내각제 국가 가운데 뉴질랜드는 원래 소선거구제에 기초한 양당제로 단독정부를 이뤄왔으나 1996년 비례대표제를 도입함으로써 다당제로 전환된 이후에는 대부분의 정부가 연립 형태로 운영되어왔다. 이와 마찬가지로 대통령제 국가에서도 비례대표제를 도입함으로써 다당제 체제가 확립될 수 있다. 브라질, 칠레, 인도네시아 등이 사례다. 하지만 대통령제는 행정부의 독립성과 의회와의 분리를 특징으로 하는데 비례대표제를 도입하여 의회 내 정당 분열이 심화되면 행정부와 의회의 협력이 더욱 어려워진다. 이런 이유 때문에 행정부의 안정성과 효율성을 중시하는 대통령제 국가에서 비례대표제를 도입하여 성공적으로 운영하는 경우는 상대적으로 드문 편이다.

한국 역시 1963년 비례대표제가 도입되었지만 비례대표제의 원래 취지를 살리는 방식이 아니라 집권당에 안정 의석을 보장하는 변칙적인 방식으로 운영되다가 2002년 지방의회 선거와 2004년 국회의원 선거부터 비례대표제의 취지를 부분적으로 살린 1인 2표 정당명부식 병립형 비례대표제로 바뀌었다. 그 결과 소수 정당의 의회 진입이 개선되었지만 이것은 여전히 거대 양당에 유리한 제도다. 그래서 의석수를 가능한 한 정당 지지율에 맞출 수 있는 연동형 비례대표제를 도입하여 소수 정당의 의회 진입을 보다 개선하려는 취지에서 우선 준연동형 비례대표제를 도입하여 2020년 국회의원 선거를 치렀으나 거대 양당이 조금이라도 더 많은 비례대표 의석을 차지하려고 일시적으로 위성정당을 만드는 꼼수를 사용함으로써 소수 정당 보호라는 원래 취지가 퇴색되었는데 이런 현상은 2024년 선거에서도 반복되었다. 이것은 양당제에 친화적인 대통령제 국가에서 비례대표제를 도입하여 양당제를 다당제로 성공적으로 전환시키는 것이 얼마나 어려운 일인지를 잘 보여준다.

### 2) 인물 중심의 정당과 정치

정당 민주주의와 이를 기반으로 하는 의회 민주주의는 근대 민주주의의 가장 중요한 특징이다. 실제로 의원내각제의 중심은 정당이라는 정치적 집단이다. 의회에서 다수 의석을 차지한 정당의 대표가 총리가 되며 과반 의석 형성에 참여한 정당들이 내각을 구성한다. 그렇기 때문에 선거에서도 정치인 개개인의 인물 못지않게 정당을 보고 투표하게 된다. 비례대표제는 이러한 정당의 특성이 의석에 더욱 잘 반영되도록 하는 선거 방식이다. 의원내각제 국가에서 비례대표제를 선호하는 것은 그만큼 의원내각제가 정당 민주주의에 기초해 있다는 것을, 즉 정당의 역할을 중시한다는 것을 잘 보여준다.

이에 비해 대통령제는 비록 의원내각제처럼 정당 민주주의와 의회 민주주의에 기초해 있지만 선거에서 경쟁력을 갖는 정치인 개인의 능력이 그가 속한 정당의 정체성 이상으로 중시되는 경향이 있다. 대통령 선거는 최고 권력을 쟁취하기 위한 정당 간의 경쟁이기도 하지만 결국은 후보자 개인의 역량 간의 경쟁이라는 성격이 더욱 뚜렷하다. 유권자는 후보자가 속한 정당과 함께 인물을 보고 투표하기 때문에 각 정당에서는 유권자의 지지를 최대한으로 끌어낼 수 있는 인물을 후보자로 선출하게 된다. 이처럼 선거에서 인물을 중시하는 것은 의회 의원 선거에서도 마찬가지다. 인물 중심의 선거는 선거제도 가운데서도 선거구의 최다 득표자가 당선되는 전통적인 방식의 단순다수제와 깊은 관련이 있기도 하다. 그러므로 단순다수제로 의회 의원을 선출하는 많은 대통령제 국가와 단순다수제에 기초한 양당제를 특징으로 하는 영국형 의원내각제 국가에서 이뤄지는 선거에서는 정당의 정체성과 함께 인물이 매우 중시된다. 이에 비해 대부분 비례대표제를 선거제도로 채택하고 있는 서유럽식 의원내각제 국가에서는 선거에서 정당의 정체성이 훨씬 더 강조된다.

인물 중심의 선거와 정당 중심의 선거 사이에는 많은 차이가 있다. 무엇보다 중요한 차이는 정당 중심의 선거에서는 정당의 정체성과 정책 방향이 선거 공약 이상으로 중시되는 데 비해 인물 중심의 선거에서는 선거 공약 이상으로 후보자 개인의 능력과 자질이 중시된다. 그렇기 때문에 정당 중심의 선거에 비해 인물 중심의 선거에서는 정책을 둘러싼 논쟁 이상으로 후보자 개인을 둘러싼 온갖 종류의 인신 비방이 난무하는 경향이 있다. 문제는 이런 경향이 선거 기간에 국한되지 않는다는 점이다. 선거가 끝난 후에도 차기 선거를 염두에 둔 사람들이 당선자나 차기 선거에 예상되는 잠재적인 경쟁자를 대상으로 건설적인 정책 비판을 넘어 이들을 깎아내리는 데 목적이 있는 부정적인 정치행태를 보이곤 한다.

더구나 정당이 아닌 인물 중심의 선거와 정치 경향이 뚜렷한 곳에서는 근대 민주주의의 핵심 요소인 정당이 정책 중심의 근대적 정당으로 발전하기보다는 특정한 인물 중심의 정치적 패거리 집단 성격을 띤 다소 전근대적인 정당으로 퇴행하기 쉽다. 같은 이름으로 100년이 훨씬 넘는 역사를 지닌 독일사회민주당(SPD)이나 약 80년 역사의 독일기독교민주연합(CDU)의 사례에서 보듯이 정책 중심의 정당은 비록 시대 변화에 따라 정책의 변화를 끊임없이 추진하지만 큰 틀의 정체성을 유지하면서 오랫동안 존속하고 그 잠재력을 발전시킬 수 있다. 하지만 인물 중심의 선거와 정치 경향이 매우 뚜렷한 한국의 정당 역사를 보면 특정한 정치인, 특히 대통령 후보나 당선자를 둘러싸고 그동안 수많은 정당이 설립, 분열, 통합, 해체 등을 반복해왔다. 지금 양대 정당인 더불어민주당과 국민의힘은 각각 그 뿌리를 민주당 계열의 정당과 집권 보수정당으로 거슬러 올라가서 기술하지만 현재의 당명을 기준으로만 본다면 각각 2015년과 2020년 시작되어 불과 얼마 되지 않은 역사를 지니고 있다.

물론 모든 대통령제 국가의 정당이 인물 중심의 정당이며 짧은 역사를 갖고 있다는 것은 아니다. 미국의 경우를 보면 민주당과 공화당이 각각 약 200년과 170년의 역사를 지니고 있다. 그리고 두 정당 사이에 정책 노선의 차이가 어느 정도 지속적으로 존재해왔기 때문에 이들을 인물 중심의 정당이라고 말하기 어렵다. 그럼에도 불구하고 다당제가 일반화되어 있는 의원내각제, 특히 서유럽식 의원내각제 국가의 정당들 사이에 존재하는 이념적·정책적 차이에 비교한다면 양당제가 일반화되어 있는 대통령제 국가의 정당들 사이에는 이념적·정책적 차이가 훨씬 덜 분명하다.

이런 점에서 본다면 의원내각제, 특히 서유럽식 의원내각제 국가에 비해 대통령제 국가의 정당이 인물 중심의 정당에서 벗어나 이념·정책 중심의 근대적 정당으로 발전하기가 훨씬 어렵다고 할 수 있다. 그 결과 대통령제 국가에서는 이념적·정책적 차이를 둘러싸고 정당 혹은 정치인 사이에 건설적인 경쟁, 타협, 연대 등이 발전되기보다는 유력 정치인들을 둘러싼 정치세력 간의 권력투쟁적인 갈등과 대립이 전면에 부각되기가 훨씬 쉽다. 그리고 이로 인한 정치적·사회적 갈등이 대립적인 양상으로 전개됨으로써 정치적·사회적 분열과 양극화를 심화시키기 쉽다.

### 3) 정부와 의회의 엄격한 분리와 대통령의 임기 보장

대통령제는 행정부와 입법부의 엄격한 분리를 통한 상호 견제를 특징으로 한다. 비록 나라마다 차이가 있지만 대통령제 국가의 전형에 해당하는 미국을 중심으로 본다면 대통령은 의회에 영향을 미칠 수 있으나 직접 발의권이 없기 때문에 원하는 법률안이 있으면 의회를 통해 발의할 수 있다. 이것은 의회에 법률안을 발의할 수 있는 권한이 내각에 주어지는 의원내각제와 다른 점이다. 영국 같은 의원내각제 국가에서는 내각의 각료들이 일반적으로 의회에서 법률안 발의와 관련된 역할을 적극적으로 맡기 때문에 내각과 의회의 긴밀한 협력이 중요하다.

대통령제에서는 내각의 각료가 필요할 때 의회에서 증언하거나 보고할 수 있지만 일반적으로 의회에 정기적으로 출석할 의무와 의회에서 발언할 권리도 없다. 즉 행정부와 입법부의 관계는 독립적이어서 내각의 각료가 의회에서 주도적으로 발언하는 일은 드물다. 이에 비해 의원내각제 국가에서는 일반적으로 내각의 각료가 의회에 출석해야 하는 의무가 있으며 출석해서 발언할 권리가 있다. 이들은 의회에서 활발히 정부의 정책을 설명하거나 논의에 참여하며, 의회에서 주도적인 발언권도 갖는다. 이러한 적극적인 소통을 통해 이들은 의회와 긴밀히 협력하면서 정부 정책을 만들고 실행하게 되는 것이다.

영국 하원에서 발언하는 내각 각료들과 의원들

이런 점에서 본다면 정부와 의회 간의 소통과 협력의 정도가 의원내각제 국가에 비해 대통령제 국가에서는 확실히 떨어진다. 그 대신에 대통령제 국가에서는 정부와 의회, 즉 행정부와 입법부 사이의 긴장, 갈등, 대립이 발생할 가능성이 커진다.

대통령제에서는 대통령을 제외한 각료가 국민들로부터 선출된 자가 아니어도 된다. 의원내각제 국가에서는 의회 의원이 아니면 될 수 없는 총리뿐 아니라 내각의 다른 각료도 비록 국가에 따라서는 의회 의원이 아닐 수도 있지만 일반적으로는 의회 의원 중에서 임명된다. 이에 비해 대통령제 국가에서는 내각의 각료가 비록 의회 의원 중에서 임명될 수도 있지만 의회 의원이 아닌 사람 중에서 임명되는 것이 일반적이다. 즉 국민으로부터 선출된 자들로 내각이 구성되는 것이 일반적인 의원내각제와 달리 대통령제에서는 대통령을 제외하고는 국민들로부터 선출되지 않은 자들로 내각이 구성되는 것이 일반적이다.

또한 대통령제 국가에서는 각료의 임면권이 전적으로 대통령에게 있어서 각료는 유권자보다는 대통령에게 일차적인 책임을 진다. 게다가 대통령의 임기는 대통령이 심대한 잘못으로 까다로운 탄핵 심판 절차를 통해 해임되는 경우가 아니라면 법적으로 보장되어 있다. 이런 이유로 대통령이나 내각의 각료에 대한 의회의 직접적인 불신임제는 없거나 매우 제한적인 것이 일반적이다. 그 결과 대통령과 각료들, 즉 정부가 민심에 대해 갖는 민감성 혹은 반응성이 의원내각제의 정부에 비해 약하다. 이와 마찬가지로 대통령제에서는 대통령의 의회 해산권도 없는 것이 일반적이다. 그렇기 때문에 의회 의원들도 임기가 보장되어 있어서 선거가 임박한 경우가 아니면 의원내각제의 의원에 비해 민심에 대한 민감성 혹은 반응성이 약하다.

이런 점들은 대통령제 국가의 정치인들, 즉 대통령과 각료들, 그리고 의회 의원조차 일반적으로 유권자인 일반 국민에 대한 직접적인 책임성과 민감성이 의원내각제 국가에 비해 약해지기 쉬운 배경이 된다. 이처럼 국민들에 대한 책임성과 민감성이 약해진 정치인들은 유권자의 민심과 분리된 채 자신들끼리 적나라한 권력투쟁에 몰두하기가 훨씬 쉽다.

끝으로 앞에서도 언급한 바와 같이 정부와 의회가 엄격히 분리되어 있는 대통령제 국가에서 정부와 의회 사이에 가장 적나라한 갈등과 대립이 발생하는 상황은 여소야대 상황, 즉 대통령의 소속 정당이 아닌 야당이 의회 권력을 확보하게 되는 경우다. 대통령제는 국민의 선거로 정당하게 구성되는 기관이 의회와 대통령으로 이원화되어 있는데 이 두 기관의 권력을 장악한 정당이 서로 대립하는 두 기관이라면 대통령이 행정부를 끌고 가는 데 매우 큰 어려움이 발생한다. 왜냐하면 입법과 예산을 통한 의회의 지원 없이는 행정부의 정책 실행에 뚜렷한 한계가 있기 때문이다.

그런데 대통령제에서는 여대야소와 함께 여소야대 상황이 매우 자주 발생한다. 이런 상황에서도 대통령이나 내각의 각료들이 소속 정당의 정치인들과 함께 정치력을 발휘하여 의회의 협력을 이끌어내고 이를 바탕으로 정부를 운영해야만 한다. 그런데 정치인으로서의 훈련을 충분히 쌓지 않은 상태에서 갑자기 당선된 윤석열 전 대통령처럼 의회 권력을 장악한 야당의 비협조와 공격을 자신의 정치력을 통해 극복하지 못한다면 국정 운영의 위기를 맞이할 수 있는데, 윤석열 전 대통령은 결국 위헌적인 방식의 계엄 발동을 통해 이를 돌파하려고 하다가 스스로 무너지고 말았다. 어쨌든 이와 같은 여소야대 상황으로 인한 분점정부에서는 행정부와 입법부 사이의 갈등과 대립이 격화될 뿐 아니라 행정부 권력을 장악한 정당과 입법부 권력을 장악한 정당 사이에 그리고 더 나아가 이들 두 정당의 지지자들 사이에 혹은 대통령에 대한 지지자와 반대자 사이에 갈등과 대립이 심해지면서 국민들이 크게 분열되고 양극화되는 상황으로 이어지기도 한다.

## 3. 의원내각제와 정치적 이념

그렇다면 의원내각제는 대통령제에 비해 진보 진영에 더 유리한 정부형태일까 아니면 보수 진영에 더 유리한 형태일까? 좌파적 이념에 더욱 친화적인 정부형태일까 아니면 우파적 이념에 더욱 유리한 형태일까? 의원내각제는 대통령제와 비교할 때 도대체 정치적 이념과 어떤 관계에 있는가? 의원내각제와 정치 이념 간의 이러한 관계는 정치적·사회적 갈등에 어떤 영향을 끼치는가? 이러한 질문들을 여기서 간략히 다루어보려고 한다.

### 1) 의원내각제와 이념적·정책적 스펙트럼의 확장

먼저 의원내각제에서는 대통령제에서보다 사회 전반의 이념적·정책적인 스펙트럼이 확장될 가능성이 크다. 그것은 대통령제 국가에서는 양당제가 자리잡기 쉬운 데 반해 의원내각제 국가, 특히 비례대표 선거제도가 일반화되어 있는 서유럽식 의원내각제 국가에서는 다당제 정치체제가 발전하기 쉬운 점과 관련 있다. 다당제 정치체제에서는 사회적 소수자의 가치나 새로운 사회적 가치를 적극 반영하려는 다양한 소수 정당이 탄생하여 입법부나 행정부에 진출하기 쉽다. 그러므로 이들 서로 다른 정체성을 지닌 정당을 통해 시민사회의 다양한 가치와 이념이 공식적으로 표명될 뿐 아니라 정책을 통해 경쟁하고 검증됨으로써 사회 전반에 걸쳐 가치와 이념, 그리고 정책 스펙트럼이 확장되고 발전할 커다란 잠재력이 형성된다. 가치와 이념 스펙트럼의 확장은 정책적 상상력의 지평을 확장시켜 사회문제 해결이나 사회발전에 이바지할 수 있다.

물론 가치, 이념, 정책 스펙트럼의 확장은 이들을 지지하는 정치적·사회적 세력 간의 경쟁, 갈등, 대립을 증가시킨다. 하지만 현대사회에 존재하는 다양한 가치, 이념, 정책 노선의 차이로 인해 경쟁과 갈등 전선이 다양해지고 복잡해지는 것은 자연스런 일로서 비록 갈등의 빈도는 증가할 수 있겠지만 이념적·정책적으로 단순하게 양분된 집단 사이에서 일어나는 대립과 갈등에 비해 갈등의 강도나 폭력성의 정도는 약해지는 효과가 있다. 양당제 정치체제에서는 이념적·정책적 노선이 진보와 보수, 좌와 우, 분배주의와 성장주의, 민주화 노선과 산업화 노선, 자유주의와 공화주의 등으로 단순하게 양분되어 극단적으로 대립하거나 아니면 이런 극단적인 대립을 기피하는 정치문화가 우세할 경우 이념이나 노선이 차이가 그렇게 크지 않은 중도성향으로 수렴됨으로써 사회의 다양한 가치와 목소리를 적절히 대변하기 어렵다. 양대 정당이 대변하지 못하는 소수의 가치, 이념, 목소리는 억압·배제되거나 아니면 양 진영으로의 통합 혹은 편입이 강요된다.

어쨌든 다당제가 자리잡은 의원내각제 국가에서는 양당제가 확립된 대통령제 국가에서보다 사회 전반에 걸쳐 이념적·정책적인 스펙트럼이 확장될 가능성이 크다는 점이 분명하며 이것이 사회발전의 잠재력을 증가시킨다는 점도 분명하다. 갈등의 측면에서 본다면 양당제의 대통령제 국가와 비교할 때 다당제의 의원내각제 국가에서는 정치적·사회적 갈등이 이념적으로 다양하고 복잡하며 더욱 빈번히 발생할 수 있다. 하지만 이것은 다원화된 현대사회의 특징에 부합하는 것으로, 갈등의 강도나 폭력성은 오히려 약해짐으로써 평화적인 갈등 관리의 가능성이 더욱 커진다.

### 2) 의원내각제와 극단적인 정치 이념

그런데 요즘 서유럽식 의원내각제 국가에서는 극우 정당의 부상이 큰 관심사로 등장하고 있다. 의원내각제는 극우 이념 세력의 등장과 부상에 좋은 조건을 제공하는 것은 아닌가 질문할 수 있다. 그렇다. 다당제의 의원내각제 국가에서는 극우 정당이 탄생하여 의회에 진입함으로써 공식적으로 세를 불리기 쉬운 조건이 존재한다. 그렇기 때문에 유럽의 많은 나라에서 극우 정당이 의회에 진입하여 집권 정당을 위협하기까지 한다. 하지만 오늘날 전 세계 많은 지역에서 목도되는 극우 정치세력의 부상이 단지 의원내각제나 다당제 때문은 아니다. 세계화, 전쟁 등으로 인해 발생하는 이주민, 난민 등의 증대와 양극화 심화가 극우 정치세력이 부상할 수 있게 하는 중요한 배경이다. 그래서 양당제의 의원내각제 국가인 영국, 대통령제 국가인 미국이나 한국 같은 곳에서도 다당제의 의원내각제 국가와 마찬가지로 극우 성향의 정치세력이 적극적으로 활동하고 있다. 이뿐만 아니라 헝가리의 사례에서 보듯이 기존의 중도 우파 정당이 극우 성향을 강화하기도 한다.

　그럼에도 불구하고 극우 성향의 정치세력이 탄생하여 의회에서 공식적으로 정치 활동을 하는 것은 다당제의 의원내각제 국가에서 쉽게 이루어질 수 있는 데 비해 양당제 국가에서는 어렵다. 그래서 양당제의 대통령제 국가에서는 양대 정당이 치열한 접전을 벌이는 대통령 선거 국면에서 이들 극우 정치세력이 우파 진영 후보를 적극 지원함으로써 우파 정당 혹은 보수정당 내에서 자신들의 영향력을 키워간다. 이처럼 극우 이념 세력의 탄생에는 시대 상황이나 각국이 처한 정치적 상황이 중요한 배경으로 작용하지만 이들이 성장하는 양상이나 속도는 각국의 정치제도와 정치 문화에 따라 크게 달라지는 것을 알 수 있다.

　양당제의 의원내각제 국가이자 타협적인 정치 문화가 뿌리내린 영국에서는 EU 회원국이었던 시절을 제외하고는 극우 세력의 영향력이 매우 작은 편이다. 양당제의 대통령제 국가인 미국에서는 극우 성향의 정치세력이 독자적인 정당 활동을 통해 세력을 키우는 것이 힘들어 도널드 트럼프 같은 공화당 대통령 후보를 선거 과정에서 적극 지지하여 당선시킴으로써 공화당 안에서 영향력을 크게 키우고 있다. 제2차 세계대전에 추축국 편에서 전쟁에 참여했던 독일, 이탈리아, 오스트리아, 헝가리 등과 같은 국가는 다당제 정치체제를 갖고 있으면서 동시에 극우 성향의 정치 문화 잔재가 여전히 비교적 강하여 극우 이념 성향의 정당이 크게 부상하고 있다. 이렇게 볼 때 극우 정치세력의 부상은 기본적으로 각국의 정치 문화와 밀접한 관계에 있지만 이들 정치세력이 극우 이념 정당을 기반으로 적극 활동하는 것은 다당제의 의원내각제 국가에서 훨씬 더 쉽게 볼 수 있는 현상이다.

물론 이런 설명은 극우 정치세력이나 극우 이념 정당에만 해당되는 것이 아니라 극좌 정치세력이나 극좌 이념 정당에도 똑같이 적용된다. 그리고 어떤 다른 형태의 극단적인 정치세력과 정치 이념에 대해서도 똑같이 적용될 수 있다. 서유럽에서 프랑스, 이탈리아, 스페인, 그리스, 포르투갈 같은 나라에서는 온건한 사회주의 정당이나 사회민주주의 정당과 구별되는 보다 급진적인 공산주의 계열의 정당이 비록 냉전의 종식과 함께 영향력이 줄어들긴 했지만 지금도 여전히 의회에 진출하여 소수 정당 혹은 정치세력으로 활동하고 있다. 이들 국가는 모두 비례대표제를 채택하고 있는 다당제 국가들이다. 이들 국가 가운데 순수한 대통령제 국가는 없다.

이처럼 극우든 극좌든 아니면 다른 어떤 형태든 간에 극단적인 이념의 정치세력이 부상하는 데에는 시대 상황이나 각국이 처한 독특한 정치적 상황과 함께 각국의 지배적인 정치 문화가 매우 중요한 역할을 한다. 하지만 이들 정치세력이 극단적인 이념의 정당을 독자적으로 형성하여 의회나 정부에서 일정한 역할을 하는 데에는 다당제의 의원내각제 국가나 의원내각제 특성을 많이 띤 혼합형 국가가 대통령제 국가보다 훨씬 유리한 것이 분명하다. 어쨌든 극단적인 이념의 정치세력이 이들 국가에서처럼 공식적인 정당을 형성하여 활동하고 더 나아가 입법부나 행정부에 진출한다는 것은 헌법의 테두리 안에서 활동하는 것을 뜻한다. 그렇기 때문에 이들을 둘러싼 이념적·정치적 갈등이나 대립이 폭력적인 양상을 벗어나 헌법과 법률의 틀 안에서 평화롭게 전개될 가능성이 커진다. 이뿐만 아니라 이념적 논쟁이나 이와 관련된 정책적 논쟁은 합리적인 토론이나 검증 과정을 통해 평가받고 또한 더 나은 발전의 계기가 될 수도 있다. 이에 반해 이들 극단적인 이념의 정치세력이 독자적인 정당으로 제도화될 수 없거나 제도화되더라도 입법부로의 진출이 불가능하다면 헌법이나 법률의 테두리 바깥에서 활동하거나 아니면 기존의 다른 이념 정당 속에서 비공식적으로 활동하게 된다. 그 결과 이들을 둘러싼 갈등과 대립이 평화적인 양상을 벗어나거나 아니면 매우 비합리적이고 불투명한 방식으로 전개됨으로써 합리적인 갈등 관리가 어려워질 수 있다.

결국 이렇게 본다면 의원내각제는 대통령제에 비해 진보 진영 혹은 좌파 진영에 더욱 유리하다고도 보수 진영 혹은 우파 진영에 더욱 유리하다고도 결코 말할 수 없음을 알 수 있다. 의원내각제 국가 가운데 일본처럼 보수 정치세력이 오랫동안 집권해왔거나 북유럽 국가들처럼 진보 정치세력이 오랫동안 집권해온 경우도 있지만 이러한 현상은 의원내각제 자체의 성격 때문이라기보다는 이들 국가의 정치적 상황이나 정치 문화와 깊은 관련이 있다. 많은 서유럽 국가에서는 오히려 중도 보수 진영과 중도 진보 진영의 정당들이 번갈아 가면서 집권함으로써 정치적인 균형을 이뤄온 경향이 있다. 물론 확실한 점도 있다. 그것은 극단적인 이념을 포함해서 다양한 소수 이념 집단이나 혹은 선구적이지만 비교적 낯선 새로운 가치를 추구하는 이념 집단에게 의원내각제가 더욱 유리하다는 점이다. 이런 이유 때문에 의원내각제는 정치적·사회적 가치와 이념의 스펙트럼을 넓혀 국가의 정책적 상상력을 키우는 데뿐만 아니라 미래의 소중한 가치와 이념을 신속히 수용하여 국가의 발전을 앞당기는 데에도 커다란 장점이 있다.

# 4장
# 제왕적 대통령제는 일반적인 대통령제 정부형태의 예외적인 현상인가?

## 1. 대통령제의 특징

### 1) 이원적인 민주적 정당성

후앙 린츠(Juan J. Linz)는 대통령제의 가장 기본적인 두 가지 특징으로 이원적인 민주적 정당성(dual democratic legitimacy)과 경직성(rigidity)을 들었다(린쯔, 1995: 41 이하). 이원적인 민주적 정당성이란 국민이 선출하여 행정부를 장악하는 대통령과 역시 국민이 선출한 입법부가 각각 독립적인 민주적 정당성을 지닌다는 의미다. 대통령제에서 대통령은 대부분 국민의 직접적인 선거를 통해 선출되지만 미국처럼 국민이 직접 선출한 선거인단을 통해서 간접적으로 대통령이 선출되는 경우도 있다. 어쨌든 이렇게 해서 당선된 대통령은 자신이야말로 국민에 의해 민주적으로 선출되어 정권을 정당하게 부여받은 유일한 존재라고 여긴다. 물론 결선투표제가 없는 국가에서 다수의 대통령 후보가 경쟁함으로써 낮은 득표율로 당선되는 경우도 발생하여 실질적인 민주적 정당성에 의문이 제기되기도 한다.

그런데 심각한 문제는 국민이 직접 민주적인 방식으로 선출하는 입법부 역시 독립된 민주적 정당성을 지닌다는 점이다. 만약 의회의 다수당이 대통령의 소속 정당이거나 대통령을 지지하는 정당이라면 이 이중적 권력은 커다란 문제가 되지 않는다. 하지만 다수당이 대통령의 정책을 반대하는 정당이라면 두 권력기관 간에 잠재적인 대결이 상존하게 되며 이것이 빈번하게 극적으로 분출되기도 한다. 이 경우에 과연 민주주의 원칙에서 볼 때 누가 더 많은 정당성을 갖는 것인지 의문을 제기할 수 있을 것이다. 하지만 둘 다 명백한 정책 대안을 둘러싼 자유로운 경쟁을 통해 국민에 의해 선출된 권력기관이라는 점에서 린츠는 이러한 대결을 해소할 수 있는 민주정치적 원칙은 존재하지 않는다고 본다. 그런데 대통령제 국가에서는 이런 상황이 결코 드물지 않게 발생하므로 민주주의가 채 군건히 자리를 잡지 못한 중남미나 아프리카의 대통령제 국가의 경우에 군부가 이런 상황을 악용하여 스스로 중재자를 자처하며 개입하는 사태가 빈번히 발생하기도 한다.

**2) 제도적 경직성**

경직성이란 무엇보다 대통령에게 정해진 임기가 보장되어 있어 정상적인 방법으로는 그 임기를 수정할 수 없기 때문에 정치적 과정이 임기에 맞춰 단절되고 경직된다는 의미다. 대통령 임기 중에 어떤 상황이 변하여 정부가 위기에 처하더라도 행정부의 수반을 바꿀 수 없는데 이런 제도적인 경직성이 상황 변화에 대한 정치적인 대처 능력을 크게 떨어뜨린다. 예컨대 대통령을 배출한 여당이나 정치세력이 지지를 철회하더라도 혹은 극심한 정치적인 대립으로 불법적인 국가전복 사태가 임박하여 반대 세력과 협상할 능력이 있는 대통령이 요구될 때에도 대통령의 교체는 가능하지 않다. 비록 대통령을 탄핵하는 제도가 있지만 의원내각제에서의 내각불신임과 비교하면 조건이 매우 까다로울 뿐 아니라 절차가 복잡하고 오랜 시간이 걸리기 때문에 상황 변화에 신속히 대처하는 방법으로는 부적절하다. 그래서 린츠는 대통령제와 의원내각제의 가장 중심되는 차이로 대통령제 정치과정의 경직성과 의원내각제 정치과정의 유연성을 들 정도로 이러한 경직성을 대통령제의 가장 중요한 특징으로 간주한다(린쯔, 1995: 48).

### 3) 승자독식

대통령제의 특징으로 이 두 가지와 함께 많이 언급되는 것이 승자독식이다(3장 참조). 다당제의 의원내각제 국가에서는 선거에서 승리하면 통치권이 개인이 아닌 정치적 집단, 즉 정당에 위임되며 그것도 내각 구성에 참여하는 복수의 정당에 위임된다. 그러므로 권력은 어느 정도 정당에 분산되어 있으며 그것도 여러 정당에 의해 공유된다. 통치권이 정당에 위임되어 있기 때문에 총리뿐만 아니라 내각의 각료 역시 기본적으로는 선거에서 승리한 정당의 의원에서 나오며 이들 각료, 심지어 내각의 수반인 총리가 물러나는 경우에도 선거를 다시 치를 필요가 없이 집권당 내에서 후임자를 선출할 수 있다.

이에 비해 대통령제에서는 기본적으로 통치권이 선거에서 당선된 대통령 개인에게 위임된다. 그렇기 때문에 선거에서 당선된 대통령이 통치 권력을 독점할 수 있어서 권력의 공유가 이루어지거나 실질적으로 유지되기 어렵다. 선거에서 1위로 당선된 개인에게만 권력이 위임되므로 2위 혹은 3위 득표자는 비록 차기 선거를 위한 잠재적인 후보로 소속 정당에서 혹시 인정받을 수 있을지 모르지만 그것도 불확실하며, 실질적으로는 단지 패배자로서 아무런 통치권도 제공받지 못한다는 점에서 그 이하의 순위로 패배한 후보와 차이가 없다. 대통령이 물러나는 경우에는 부통령제가 있는 일부 국가를 제외하고는 의원내각제의 행정부 수반과 달리 새로운 선거를 통해서만 차기 대통령을 선출할 수 있다.

### 4) 인지 가능성과 책임성

이 외에도 대통령제는 여러 특징을 지닌다. 린츠는 대통령제의 다른 특징으로 인지 가능성과 책임성, 중임 제한, 대통령직의 모호성, 국외자의 당선 가능성, 위임제 민주주의 등을 언급했다(린쯔, 1995: 53 이하). 인지 가능성(identifiability)은 유권자가 선택하는 후보자가 당선된다면 그 당선자가 집권자로 될 것임을 알고 투표한다는 것이다. 이에 비해 의원내각제에서는 유권자가 선택한 지역구 후보자가 당선된다고 하더라도 누가 총리로 추대될지는 그 후보자 소속 정당의 의석수와 연립정부 구성과정에 따라 달라지게 되므로 확실히 알기 어렵다.

책임성(accountability)이란 대통령제에서 이뤄지는 정책 결과에 대한 궁극적인 책임은 내각이나 여당보다는 대통령 개인에게 귀속된다는 점에서 책임 소재가 분명하다는 것을 의미한다. 이에 비해 의원내각제에서는 비록 총리가 행정부 수반으로서 정책 결과에 더 많은 책임을 갖지만 대통령제에 비하면 실질적인 권한이 내각에 많이 분산되어 있기 때문에 책임 소재 역시 그렇게 단순하지 않다. 이뿐만 아니라 의원내각제에서의 내각은 팀으로서의 성격이 매우 강하기 때문에 정책 결과에 대한 책임이 총리나 어떤 각료 개인에게 귀속되기보다는 내각의 공동 책임으로 간주된다. 그래서 의회는 이와 관련해 내각을 대상으로 불신임권을 행사하게 된다.

하지만 대통령제가 의원내각제에 비해 책임성이 오히려 떨어진다는 주장도 있는데 이것은 주로 대통령제의 임기 보장 및 임기 제한과 관련 있다. 즉 대통령 같은 선출직 공직자의 정치적 책임을 물을 수 있는 제도적 장치는 선거다. 그런데 대통령은 보장된 임기 동안은 선거를 통해 책임을 묻기 힘들다. 물론 다음 선거에 다시 출마할 수 있다면 그때는 책임을 물을 수 있기 때문에 대통령은 재선을 염두에 두고 유권자에 대한 책임을 다하려고 노력할 것이다. 그런데 단임제 대통령에게는 이런 기회가 없으며 중임제 대통령에게도 재선에 성공

2018년 6월 1일 스페인 내각 불신임 투표 후 마리아노 라호이 전 총리(오른쪽)가 신임 총리 페드로 산체스(왼쪽)를 축하하는 장면

한 후에는 이런 기회가 더 이상 주어지지 않는다. 이에 비해 일반적으로 중임 제한이 없는 의원내각제에서는 정기적인 의원 선거를 통해 성과에 대한 책임을 물을 수 있을 뿐만 아니라 임기 중간이라도 내각에 대한 불신임 투표나 의회 해산을 통해 책임을 물을 기회가 마련된다(강원택, 2022: 50-56).

### 5) 중임 제한과 대통령직의 모호성

중임 제한은 대부분의 대통령제 국가에서 채택하는 일반적인 제도로서 그 구체적인 방식은 국가에 따라 다르지만 대통령 개인이 연속적으로나 혹은 비연속적으로 2회 이상 다시 대통령으로 선출되는 것을 금지하는 것이다. 이런 제도는 강력한 권위주의 정권에 의한 정권 연장을 우려하는 국민의 요구에 의해 도입된 경우가 많다. 그런데 북유럽, 일본 등의 사례에서 보듯이 의원내각제 국가에서는 어느 한 정당이 선거에서 계속 승리하여 오랫동안 총리직을 독점하는 경우가 많다. 그리고 전 독일 총리 헬무트 콜과 앙겔라 메르켈(Angela Merkel)이 각각 16년씩 총리로 재임했으며 전 영국 총리 마거릿 대처(Margaret Thatcher)와 토니 블레어(Tony Blair)가 각각 11년과 10년 총리로 재임한 데서 보듯이 총리직을 비교적 장기간 맡는 경우도 많다. 그럼에도 이들 국가에서 임기 제한 제도를 만들자는 요구는 결코 나오지 않는다. 그것은 언제든지 신임이 철회되어 물러날 수 있는 직을 그만큼 오랫동안 유지한 점에서 오히려 존경의 대상이 되기 때문이다. 실제로 정책 가운데는 장기적인 관점에서 일관성을 갖고 지속적으로 추진해야 하는 것도 많은데 대통령제 국가에서 장기 집권의 우려 때문에 제한된 임기에 맞춰 이를 추진해야 한다는 점은 대통령제의 한계이기도 하다.

대통령직의 모호성이란 국가수반으로서의 역할과 정부수반으로서의 역할 간의 상호 충돌로 인해 나타나는 특성이다. 상징적이며 위엄적인 특성을 갖고 있는 국가수반으로서의 대통령은 대외적으로는 국가와 국민 전체를 대표하면서 대내적으로는 선거 과정에서 분열된 국민을 통합하여 특정한 정파의 대통령이 아닌 전체 국민의 대통령으로 기대되는 역할이다. 하지만 정부수반으로서의 대통령은 자신에게 투표한 유권자들이 지지하는 정당이나 정치세력이 추진하거나 요구하는 정책 방안을 대변해야 하는 현실적인 정파적 정치인이기도 하다. 이런 입장에서 정책을 수행하려면 다른 정파와 타협하기도 하지만 많은 경우에 이들과 경쟁해야 하거나 심지어 대립하기도 한다. 이런 점에서 정부수반으로서의 대통령직과 국가수반으로서의 대통령직은 결코 양립하기가 쉽지 않다.

### 6) 국외자의 당선 가능성

국외자의 선출이란 대통령제에서는 정치적 경험이 적은 후보가 급부상하여 대통령으로 당선되는 것을 가리킨다. 정당 중심의 의원내각제와 달리 대통령제의 대통령 선거는 후보자의 소속 정당 이상으로 후보자 개인의 특성이 매우 부각되는 인물 중심의 선거라는 특징을 강하게 띤다. 그 결과 기존의 정당이나 정치인에 대한 불신이 크게 확산된 곳에서는 정당이나 정치와 직접 관련이 없어서 정치적·행정적인 경험이 부족하지만 대중적인 인지도를 지닌 후보자가 참신성을 바탕으로 급부상하여 당선되는 것이 가능하며 또한 이런 사례가 드물지 않다. 특히 요즘처럼 대중매체나 뉴미디어가 크게 발달한 상황에서는 이런 가능성이 훨씬 더 커진다. 그런데 이런 국외자가 국가와 정부의 수반으로서 책임을 다하기 위해서는 당선 이후에 최소한의 학습 기간이 필요한데 이 과정에서 행하게 되는 작은 실수도 엄청난 결과를 초래한다는 점에서 리스크가 매우 크다고 할 수 있다(린쯔, 1995: 86-92; 강원택, 2022: 78-84).

한국에서는 정주영, 안철수, 윤석열 등이 이런 방식으로 급부상한 후보자가 되어 대통령 선거에 출마했고 이 가운데 윤석열은 대통령으로 당선까지 되었다. 하지만 윤석열 전 대통령은 여소야대 상황을 정치력으로 해결하지 못한 채 위헌적인 계엄 명령을 발동함으로써 결국 중도에 스스로 몰락하고 말았는데 이것은 대통령제 국가이기 때문에 가능했던 일이다. 의원내각제 국가에서 총리가 되려면 그는 아무리 젊은 의원이라도 우선 당의 대표가 될 정도로 소속 정당의 활동을 통해 검증이 이뤄져야만 한다. 의원내각제 국가에서는 정당 경험 혹은 정치적 경험이 없는 인물이 혜성같이 등장하여 갑자기 정부의 수반이 되는 것은 거의 불가능하다.

이 외에도 학자들은 대통령제의 특징으로 위임제 민주주의, 임기 후반의 통치력 약화, 통치자와 군부 간의 명확한 관계 등 여러 가지를 거론한다.

## 2. 대통령제의 유형과 제왕적 대통령제

### 1) 대통령제의 유형

대통령제는 미국에서 만들어져서 중남미와 아프리카를 중심으로 널리 확산된 통치형태다. 그런데 1787년 제정하여 1789년 발효된 미국 헌법에서 처음으로 등장하여 운영되어온 대통령제는 20세기 들어서 운영에 변화가 나타났을 뿐만 아니라 19세기에 아메리카 대륙에서 그리고 20세기에는 아프리카와 일부 아시아 국가에서 식민지 모국으로부터 독립한 신생국들이 미국의 대통령제를 정부형태로 채택하여 운영하는 과정에서도 커다란 변화가 일어났다. 이런 과정을 거쳐 오늘날 지구상에 널리 확산되어 있는 대통령제는 미국식 대통령제의 원형에 가까운 형태, 즉 순수한 대통령제(pure presidential system)와 그 성격에서 큰 변화가 이뤄진 형태, 즉 신대통령제(new presidential system)로 크게 구분된다. 그리고 대통령제와 의원내각제의 성격이 결합된 다양한 혼합형 정부형태 가운데 순수한 의원내각제에 가까운 유형이 아닌 경우에는 이를 준대통령제, 반(半)대통령제 등으로 부르면서 이에 덧붙인다.

흔히 의원내각제나 이원정부제와 구분하여 대통령제라고 부르는 정부형태의 전형적인 유형 혹은 고전적인 유형이 순수한 대통령제 혹은 미국식 대통령제다. 이 유형의 가장 뚜렷한 특징은 분명한 삼권분립을 통한 견제와 균형을 추구한다는 점이다. 의원내각제와 비교한다면 특히 행정부와 입법부가 엄격히 분리되어 있으며 국가수반이자 정부수반인 대통령은 국민에 의해 직접 선출되어 의회에 대해 정치적 책임을 지지 않는다. 그리고 미국에서는 대통령제가 삼권분립의 원리와 함께 연방제를 기반으로 하여 처음 만들어졌다. 그러므로 미국식 대통령제는 대통령이 비록 국가수반이자 정부수반으로서 강력한 권력을 부여받지만 대통령의 권력 행사가 한편으로는 입법부와 사법부의 엄격한 견제 아래 그리고 다른 한편으로는 중앙정부와 주정부 간의 권한 분배 및 주정부의 견제 아래 이뤄지도록 함으로써 권력 집중을 방지하려는 체제다.

신대통령제는 칼 뢰벤슈타인(Karl Loewenstein)에 의해 일찍이 도입된 후 널리 사용되는 개념으로 남미와 개발도상국에서 흔히 보이는 대통령제다. 신대통령제는 정치적 불안정이 심한 국가에서 정국의 안정과 정부의 효율성을 위해 순수한 대통령제와 달리 대통령의 권한을 강화하여 행정부와 입법부에 대한 더 큰 영향력을 행사할 수 있는 체제다. 그 결과 대통령의 권위주의적인 성향이 나타나기 쉬워서 이 경우에는 특별히 권위주의적 대통령제라고도 부른다. 결국 신대통령제에서는 대통령의 권력이 강력하고 입법부와 사법부의 독립성이 약해서 민주적인 견제와 균형의 원리가 제대로 작동하기 어렵다.

준대통령제는 순수한 대통령제와 의원내각제의 장점을 결합하려고 한 체제로서 프랑스 제5공화국 헌법을 통해 도입되었다. 국가수반으로서의 대통령은 국민에 의해 직접 선출되며, 정부수반으로서의 총리는 의회 다수당에 의해 선출된다. 대통령은 외교와 국방 등에서 실질적인 권한을 행하는 데 비해 총리는 내정, 즉 국내 정책을 담당하며 의회에 책임을 진다. 이와 같이 준대통령제는 대통령제와 의원내각제를 결합한 형태여서 온전한 의미의 대통령제는 아니다.

## 2) 제왕적 대통령제

이 용어는 미국 역사학자 아서 슐레진저 주니어(Arthur M. Schlesinger Jr.)가 자신의 저서 『제왕적 대통령제』(1973)에서 처음 사용한 것으로 그는 프랭클린 루스벨트(Franklin Roosevelt) 이후, 특히 리처드 닉슨(Richard Nixon) 대통령이 입법부와 사법부의 견제를 약화시키면서 독자적으로 정책을 추진하려는 경향이 커졌다고 지적하였다. 이러한 닉슨 대통령의 권한 확대와 특히 베트남전쟁과 워터게이트사건을 통해 두드러지게 드러난 권한 남용에서 그는 대통령제의 위험성을 보면서 이를 제왕적 대통령제라고 부른 것이다. 즉 제왕적 대통령제란 대통령이 매우 강력한 권한을 행사하되, 의회나 사법부로부터 효과적인 견제를 받지 않는 정치체제를 가리킨다.

이런 특징을 갖는 대통령제는 앞에서 살펴본 신대통령제의 특징이기도 하다. 그러므로 많은 중남미 국가와 아프리카 국가, 그리고 일부 아시아 국가에서 취하고 있는 대통령제는 대체로 이런 제왕적 대통령제의 성격이 뚜렷하다고 말할 수 있다. 그런데 슐레진저 주니어는 순수한 대통령제 혹은 미국식 대통령제에서 바로 이 제왕적 대통령제의 위험성을 보았다. 대통령제를 처음 만들어 운영해온 미국에서는 오랫동안 연방정부와 대통령은 다수의 국민에게 정치적으로 특별히 중요한 존재가 아니었다. 미국에서 대통령과 연방정부의 역할이 특별히 주목받기 시작한 것은 20세기 초부터였다. 1913년 의회에서 연방소득세법이 통과되었고 그후 양차 세계대전과 대공황을 겪으

행정명령에 서명하는 도널드 트럼프 미국 대통령

면서 비로소 연방정부 차원의 정책적 역할의 중요성이 깊이 인식됨에 따라 내통령과 연방정부의 역할이 점차 강화되기 시작한 것이다. 그러므로 슐레진저 주니어가 제왕적 대통령제의 위험성을 인식한 것은 대통령과 연방정부의 역할이 커지기 이전의 미국의 초기 대통령제가 아닌 현대 미국 대통령제였다.

제왕적 대통령제의 기준을 얼마나 엄격히 적용하는지에 따라 다르겠지만 미국에서는 닉슨 전 대통령뿐 아니라 9.11 테러를 경험하고 이라크전에 개입한 조지 부시(George W. Bush) 전 대통령, 의회를 무시하고 행정명령을 남발하고 대통령의 사면권을 남용한 도널드 트럼프(Donald Trump) 대통령도 제왕적 대통령제의 사례로 언급되고 있다.

이렇게 보면 결국 오늘날 지구상에 존재하는 대부분의 대통령제에는 제왕적 대통령제의 위험이 내재해 있다고 볼 수밖에 없다. 입법부와 사법부가 행정부로부터 명백히 독립하여 상호 견제가 비교적 잘 이루어질 뿐 아니라 전통적으로 주정부의 권한이 확립되어 있어서 연방정부가 권한을 독점하기 어려운 미국 대통령제에서도 제왕적 대통령제의 위험을 우려할 정도이므로 삼권분립이나 연방주의가 제대로 자리를 잡지 못한 다른 나라에서의 대통령제의 위험성은 말할 필요도 없을 것이다.

제왕적 대통령제의 특징으로 흔히 거론되는 것은 다음과 같다. 첫째, 대통령이 매우 강력하고도 광범위한 행정 권력을 갖고 있어서 주요 정책 결정과 집행이 대통령의 의지에 따라 좌우될 뿐 아니라 입법부와 사법부를 실질적으로 무력화시키거나 약화시킬 수 있다. 이를 위해 긴급명령, 행정명령, 군통수권, 검찰 인사권 등이 활용된다. 둘째, 입법부와 사법부의 약한 견제 기능으로 대통령의 권력이 더욱 집중되는 결과가 초래된다. 의회의 동의 없이도 대통령이 중요한 정책을 추진할 수 있는데, 전쟁 개입, 조약 체결, 예산 사용 등이 의회의 동의 없이 이뤄지는 경우가 많다. 미국 대통령은 한국전쟁, 베트남전쟁, 이라크전쟁을 의회의 공식 선전포고가 없는 상태에서 개시한 바 있다. 셋째, 이처럼 입법부와 사법부의 견제 기능이 약화될 뿐 아니라 더 나아가 대통령이 사법부에 실질적인 영향력까지 행사할 수 있다. 이렇게 되면 대통령을 비롯한 집권 세력의 권력남용, 부정부패, 정적 탄압 등이 만연하여 법치주의와 민주주의를 훼손하게 되고 결국 독재로 변질될 가능성이 커진다. 이 외에도 대통령이 의회나 정당을 우회하여 국민과 직접 소통하고 언론을 통제하는 방식으로 포퓰리즘과 결합하려는 경향이 있으며, 정책 실패의 책임이 대통령 한 사람에게 집중되어 정치 불안정이 초래될 수 있는 등 제왕적 대통령제에는 주로 권력 집중 및 권력 견제 실패와 관련된 여러 특징이 있다.

# 5장
# 대통령 4년 중임제 개헌론을 비판한다

## 1. 독재 출현 가능성이 높은 대통령제

제왕적 대통령제는 입법부와 사법부를 통제하거나 여기에 실질적인 영향을 끼칠 수 있을 정도로 대통령에게 권력이 집중된 체제를 가리키는 것으로 대통령제 국가에서 나타날 수 있는 권력 집중과 민주주의 약화의 위험성을 경고하는 개념이라고 볼 수 있다. 그래서 전 세계적으로 대통령의 권력이 비대해진 국가들을 설명하는 데 이 개념이 자주 사용되어왔지만, 미국에서도 대통령 권한의 확대 현상을 설명하거나 이를 비판하기 위해 빈번히 언급되어왔다. 제왕적 대통령제의 가장 큰 명분은 대통령의 강력한 권한으로 빠른 정책 실행, 신속한 정책 대응이 가능하다는 점이다. 하지만 여기에는 분명히 권력의 집중으로 인한 부작용과 권위주의 혹은 독재로 전락할 위험이 잠재되어 있다.

의원내각제에서는 국가수반과 정부수반이 분리되어 있을 뿐만 아

2013년부터 집권 중인 베네수엘라의 독재자 마두로 대통령(왼쪽에서 두 번째)

니라 연립정부가 일반적이어서 권력이 분산적이다. 그리고 내각에 대한 불신임권이 의회에 있어서 언제든지 정부수반에 대한 신임을 물을 수 있다. 이에 비해 대통령제는 승자독식 체제며, 대통령이 국가수반인 동시에 정부수반이어서 권력이 대통령에게 집중되어 있다. 게다가 내각에 대한 불신임권이 의회에 없기 때문에 탄핵 사유만 아니면 대통령의 임기가 보장되어 있다. 이런 특징들 때문에 대통령제에서는 독재자가 출현할 가능성이 의원내각제에 비해 훨씬 더 높은데 실제로도 많은 제3세계의 권력자들이 대통령제를 선호하여 대통령으로서 독재를 펼쳐왔다. 대통령의 권한은 인접국과의 대립 혹은 전쟁, 각종 재난 같은 비상 상황에서 특히 더욱 커진다. 이런 이유 때문에 대통령이 인접국과의 긴장과 갈등을 의도적으로 조장하고 심지어 전쟁을 일으키는 등 각종 비상 상황을 조성하려는 유혹을 받기 쉽다. 실제로도 가까이는 한국 현대사에서 남북의 권력자들이 한반도 분단의 긴장 상황을 자신들의 권력을 강화하는 수단으로 이용해온 경우들을 쉽게 볼 수 있으며, 대통령이 전쟁 선포에 적극적인 사례는 미국과 아프리카에서 쉽게 볼 수 있다. 대통령은 자신의 권력을 강화하기 위해 이런 국가 비상 상황을 빌미로 반민주적이며 반인권적인 법률을 제정하여 야당 정치인뿐 아니라 자신에 반대하는 일반 시민들을 광범위하게 탄압하기도 한다.

## 2. 대통령제에서 임기·중임 제한의 의미와 양상

대통령제의 대통령은 의원내각제의 총리에 비해 훨씬 집중된 권력을 누리면서도 임기까지 보장되어 있지만 임기가 분명히 제한되어 있다. 그래서 독재자들은 자신의 권력을 내려놓기 싫어서 임기를 연장하거나 심지어 임기 제한을 철폐하는 개헌을 통해 영구 집권을 꾀하기도 한다. 독재자의 이런 장기 집권 야욕을 방지하기 위한 제도가 대부분의 대통령제 국가에서 채택하고 있는 대통령의 중임 제한 혹은 연임 금지 제도다. 린츠에 의하면 중미 국가가 모여 1923년에 조인한 "평화와 우호에 관한 일반 조약(General Treaty of Peace and Amity)" 내용에도 조약 조인국은 대통령 및 부통령의 중임 제한 원칙을 자국 헌법에 포함 혹은 유지해야 한다는 내용이 들어 있다. 중남미를 비롯한 많은 대통령제 국가의 대통령 중임 제한 제도는 독재자의 장기 집권을 경험한 국민들의 강력한 요구의 산물인 경우가 많다(린쯔, 1995: 65). 이승만과 박정희 전 대통령의 장기 집권과 전두환 전 대통령의 7년 신군부 집권을 경험한 한국에서는 1987년 제6공화국 헌법에서 5년 단임제를 도입했다.

미국의 경우는 제헌헌법에서 대통령 임기가 4년이라는 조항만 있었지만 조지 워싱턴 초대 대통령이 두 번의 임기를 마친 후 자진하여 물러나면서, 두 번의 임기만 하는 것이 관례로 자리를 잡았다. 그후 루스벨트 대통령이 제2차 세계대전 중에 3선과 4선까지 하게 되면서 대통령 권력의 장기화를 방지하기 위한 중임 제한을 명문화할 필요성이 대두된 결과 1947년 대통령의 2선 초과 중임을 금지하는 수정 헌법 제22조가 의회에서 통과되고 1951년 공식 발효되어 지금까지 적용되고 있다.

이코노미스트 인텔리전스 유닛은 세계적으로 가장 널리 받아들여지고 있는 민주주의 지수(2023년도)를 기준으로 전체 167개 조사 대상 국가 가운데 최상위 24개국을 온전한 민주주의 유형, 25-74위의 50개국을 결함 있는 민주주의 유형, 75-108위의 34개국을 혼합체제, 나머지 109-167위의 59개국을 권위주의(Authoritarian) 유형으로 각각 분류한 바 있다. 〈표 3〉은 이 가운데 민주주의 지수 최상위 50개국의 정부형태와 대통령제 국가 대통령의 임기를 보여준다. 이를 살펴보면 온전한 민주주의국가 24개 가운데 대통령제 국가는 14위

<표 3> 2023 민주주의 지수 최상위 50개국의 정부형태와 대통령제 국가 대통령의 임기

| 국가 유형 | 순위 | 국가 | 순위 | 국가 | 순위 | 국가 | 순위 | 국가 |
|---|---|---|---|---|---|---|---|---|
| 온전한 민주주의 국가 | 1 | **노르웨이** | 2 | **뉴질랜드** | 3 | 아이슬란드 | 4 | 스웨덴 |
| | 5 | **핀란드** | 6 | **덴마크** | 7 | **아일랜드** | 8 | 스위스 |
| | 9 | **네덜란드** | 10 | 대만 | 11 | **룩셈부르크** | 12 | **독일** |
| | 13 | **캐나다** | 14 | **호주** | 14 | *우루과이* *(연임 불가한 5년 중임제)* | 16 | **일본** |
| | 17 | *코스타리카* *(연임 불가한 4년 중임제)* | 18 | **오스트리아** | 18 | **영국** | 20 | **그리스** |
| | 20 | **모리셔스** | 22 | *한국* *(5년 단임제)* | 23 | 프랑스 | 23 | **스페인** |
| 결함 있는 민주주의 국가 | 25 | *칠레* *(연임 불가한 4년 중임제)* | 26 | **체코공화국** | 27 | 에스토니아 | 28 | **몰타** |
| | 29 | *미국* *(연임 가능한 4년 중임제)* | 30 | **이스라엘** | 31 | 포르투갈 | 31 | 슬로베니아 |
| | 33 | **보츠와나** | 34 | **이탈리아** | 35 | 카브베르데 | 36 | **벨기에** |
| | 37 | *사이프러스* *(연임 가능한 5년 중임제)* | 37 | **라트비아** | 39 | 리투아니아 | 40 | **말레이시아** |
| | 41 | **인도** | 41 | 폴란드 | 43 | **트리니다드 토바고** | 44 | **슬로바키아** |
| | 45 | **자메이카** | 45 | 동티모르 | 47 | **남아프리카 공화국** | 48 | *파나마* *(연임 불가한 5년 중임제)* |
| | 49 | **수리남** | 50 | **헝가리** | | | | |

* **볼드체** = 의원내각제 국가, *이탤릭체* = 대통령제 국가, 밑줄 = 이원정부제(혼합형) 국가

우루과이, 17위 코스타리카, 22위 한국의 3개국뿐이며 대통령제와 의원내각제의 혼합형 국가가 스위스, 대만, 프랑스 3개국이다. 나머지 18개국은 모두 의원내각제 국가다. 50국 가운데 나머지 26개국은 모두 결함 있는 민주주의 유형 국가들인데 여기에 대통령제 국가는 25위 칠레, 29위 미국, 37위 사이프러스, 48위 파나마의 4개국만 포함되어 있고 나머지는 혼합형 5개국과 의원내각제 17개국이다(EIU, 2024: 9-13).

그러니까 민주주의 수준이 높은 50개국 가운데 대통령제 국가는 단지 7개뿐이며 의원내각제 국가는 35개, 혼합형 국가는 8개국으로 압도적인 다수가 의원내각제 국가임을 알 수 있다. 어쨌든 대통령제 국가 중에서는 민주주의 수준이 비교적 높은 이들 우루과이, 코스타리카, 한국, 칠레, 미국, 사이프러스, 파나마의 7개국의 대통령 중임제 상황을 보면 다음과 같다. 즉 대통령 임기가 5년인 국가는 우루과이, 한국, 사이프러스, 파나마의 4개국이며 나머지 코스타리카, 칠레, 미국의 3개국은 4년이다. 그리고 중임이 불가능한 단임제 국가는 한국이 유일하며 나머지는 모두 1회에 한해 중임이 가능하지만 연임이 가능한 국가는 미국과 사이프러스의 두 나라뿐이며 나머지 4개국은 연임이 불가능한 국가다. 여기서 볼 수 있는 점은 민주주의 수준이 가장 높은 7개국의 임기는 4-5년이지만 단임제 한국을 제외한 나머지는 모두 1회에 한하여 중임이 가능하다. 다만 연임이 허용된 국가가 두 곳뿐일 정도로 여러 국가가 연임 금지 제도를 시행하고 있다는 점이 눈에 띈다. 연임이 가능한 4년 중임제 국가는 7개국 가운데 미국이 유일하다.

## 3. 대통령 4년 중임제론은 결코 제왕적 대통령제 극복의 길이 아니다

한국에서는 제왕적 대통령제의 문제점이 오래전부터 심각히 제기되자 집권 가능성이 크다고 생각하는 거대 양당을 중심으로 연임이 가능한 4년 중임제를 대안으로 제시하는 움직임이 압도적으로 강하다. 이것은 아마도 대한민국 제헌헌법과 제3공화국 헌법에서 4년 중임제를 실시한 적이 있기 때문일 것인데 대한민국 제헌헌법의 1차 중임 허용 조항은 아마도 바로 그 시기에 미국 의회를 통과한 수정헌법의 내용이 대통령 중임을 1차로 제한한 것과 관련 있지 않은가 추측된다. 왜냐하면 연임을 포함하는 4년 중임제를 시행하는 대통령제 국가를 주요 국가 가운데서는 찾기 쉽지 않기 때문이다. 어쨌든 4년 중임제를 주장하는 것은 현행 제6공화국 대통령의 5년 단임제로는 현직 대통령에 대한 중간평가가 어려운 데 비해 중임제는 중간평가 성격의 선거를 거쳐 중임할 수 있어서 이 점이 대통령의 제왕적 통치방식을 완화시킬 수 있으리라는 기대에 근거해 있다.

하지만 이런 주장은 큰 설득력이 없다. 왜냐하면 우선 재선에 성공한 대통령을 중간평가할 기회는 더 이상 주어지지 않기 때문인데 실제로 재선 후 4년이 단임제 5년보다 그렇게 짧은 것도 아니다. 4년 중임제론의 결정적인 문제점은 제왕적 대통령제의 가장 큰 특징인 대통령에게로의 권력 집중과 대통령 권력에 대한 취약한 견제를 대통령제에서 찾지 않고 대통령 개인의 통치 방식에서 찾으려 한다는 점이다. 즉 중간평가 성격의 선거를 앞두고 있으면 대통령이 마치 분권적인 통치를 하게 될 것처럼 생각한다는 것이다. 앞에서 여러 방식으로 살펴보았듯이 대통령제 자체가 제왕적 대통령제 출현의 핵심 요인이기 때문에 이 점을 근본적으로 극복하려 하지 않고 다른 부수적인 개별 방안들만 강구하는 것은 대통령제의 문제점이 아무리 심각하더라도 상관없이 대통령제만은 꼭 견지하겠다는 뜻, 즉 대통령제가 제공하는 강력한 권력 집중을 개인적으로나 거대 정당의 입장에서나 결코 포기하지 않겠다는 의도를 드러내는 것 그 이상도 이하도 아닐 것이다. 사실상 4년 중임제는 대통령에게 제공되는 강력한 권력 집중 혹은 제왕적 대통령제를 5년에서 8년으로 연장하는 꼴과 다름없게 된다.

  물론 국가정책 가운데 많은 것은 4-5년 이상 중장기적으로 일관성 있게 그리고 지속적으로 추진될 필요가 있다. 그런데 4-5년 단임제로는 이러한 국가정책을 효율적으로 추진하는 데에 어려움이 있다. 그래서 대통령의 중임을 허용하지만 그것도 대부분 1회로 제한하며 많은 국가에서는 연임을 금지하고 있다. 그것은 중장기적인 국가정책을 효율적으로 추진하기 위해서는 중임 제한 없는 대통령 임기제가 유리함에도 불구하고 중임 제한 없는 대통령제가 부패하거나 독재화할 위험이 워낙 커서 이를 방지할 필요성이 훨씬 더 크기 때문이다. 많은 대통령제 국가에서 연임 자체를 금지하기까지 하는 것은 이 점을 더욱 분명히 얘기해준다. 이것은 의원내각제 국가에서는 총리의 중임 제한이 없으며 4장에서 언급했듯이 실제로도 헬무트 콜, 앙겔라 메르켈, 마거릿 대처, 토니 블레어 등은 총리로서 장기 집권을 해왔음에도 불구하고 이들 국가에서 총리의 임기제한 제도를 도입하자는 요구가 없다는 사실과 퍽 대조된다. 그것은 의원내각제에서는 총리에 대한 의회의 신임을 언제든지 철회할 수 있기 때문이다. 일관되고 지속적인 추진이 필요한 장기적인 국가정책 과제의 실현이라는 관점에서 본다면 대통령제보다는 의원내각제에 분명히 유리한 점이 존재한다.

## 4. 2017년과 2025년 대통령 탄핵과 분권형 개헌의 기회

2016-2017년 박근혜 전 대통령을 탄핵에 이르게 한 촛불혁명의 주역이었던 일반 시민들은 박근혜 정권의 퇴진으로 새롭게 들어선 민주당 정권에 제왕적 대통령제의 극복 과제를 맡겼다. 하지만 아쉽게도 당시의 문재인 민주당 정권은 제왕적 대통령제 극복을 위한 아무런 준비도 되어 있지 않았을 뿐 아니라 진정성 있는 노력도 별로 기울이지 않았다. 오히려 시민들이 가져다준 정권을 마치 자신들의 독점적인 전리품인 것으로 착각하여 분권적인 제7공화국을 여는 국가적인 과제는 소홀히 하면서 민주당 20년 집권론 같은 정당 이기주

의적 관심에 몰두하였다. 그랬기 때문에 어느 때보다도 제왕적 대통령제 극복을 위한 분권형 개헌 가능성이 컸던 시기에 대통령 4년 중임제 개헌 같은 대통령제 지키기 입장만 반복함으로써 분권형 개헌에 대한 시민들의 열망을 외면하고 말았던 것이다.

  그후 문재인 민주당 정부는 2022년 윤석열 국민의힘 정부에 권력을 넘기게 되었고 제대로 된 정치인의 경험이나 훈련이 별로 없었던 검찰총장 출신 윤석열 전 대통령은 각종 정책과 발언에서 시행착오를 이어간 끝에 2024년 12월 위헌적인 계엄령까지 선포함으로써 마침내 스스로 정권을 붕괴시키고 말았다. 그러자 제왕적 대통령제 극복을 위한 분권형 개헌 요구가 8년 만에 다시 뜨겁게 분출되었는데 차기 대통령 당선을 통한 집권에 가장 큰 관심을 가진 쪽, 예컨대 민주당 지도부는 개헌 논의 자체를 부담스러워할 뿐 아니라 개헌의 방향으로는 대통령제를 유지하는 4년 중임제를 선호하는 경향을 보인다. 한편 민주당의 주류 지도부로부터 벗어나 있거나 멀리 떨어져 있는 각종 정파나 시민사회, 그리고 현실 정치에서 어느 정도 벗어나 있는 원로 정치인들은 이원정부제나 의원내각제로도 관심을 넓혀서 분권적 개헌을 추진하려고 한다. 그러면서 8년 만에 다시 찾아온 소중한 개헌 기회를 그때의 실패를 거울삼아 이번에는 결코 놓치지 않으려는 강렬한 열망과 의지를 드러내고 있다. 하지만 개헌은 주요 정당과 국민들의 합의 없이는 결코 실현될 수 없다. 그렇기 때문에 민주당이나 국민의힘이 이제는 빛이 한참 바랜 4년 중임제 개헌론을 더 이상 부여잡지 않기를 바란다. 그리고 그 대신에 의원내각제나 적어도 이원정부제로의 분권형 개헌의 필요성을 적극 인정하고 이를 위한 노력에 참여함으로써 시대정신의 구현을 위한 역사적인 기회 활용에 적극 동참하는 주역이 될 수 있기를 소망해본다.

# 6장
# 의원내각제는 우리에게 정말 낯선 제도인가?

## 1. 제2공화국의 의원내각제 경험

의원내각제를 우리에게 낯선 제도로만 생각하는 사람들이 있다. 틀린 부분도 있고 맞는 부분도 있는 생각이다. 맞는 부분이라는 것은 국민의 다수를 이루고 있는 1961년 이후 출생자들은 자신들의 일생에서 의원내각제를 한 번도 경험하지 못했기 때문이다. 틀린 부분이라는 것은 비록 아주 짧은 기간이긴 했지만 제2공화국의 정부형태가 의원내각제였기 때문이다. 제2공화국을 경험한 국민은 이미 의원내각제를 경험한 셈이다. 그리고 이를 직접 경험하지 못한 이후 세대라 하더라도 어린 시절부터 학교 수업을 통해 제2공화국의 의원내각제를 간접적으로나마 경험해왔다. 게다가 대한민국의 가장 가까운 두 이웃 국가인 미국과 일본 가운데 미국은 대통령제 국가지만 일본은 의원내각제 국가여서 대한민국 국민은 일본의 의원내각제 정치 현실에 대한 소식을 일상적으로 접해왔다. 어떻게 보면 대한민국 국

제2공화국 장면 내각의 장면 국무총리와 신임 국무위원들

민은 이처럼 제2공화국의 의원내각제를 경험한 적이 있기 때문에 독립 이후에 이런 경험을 전혀 갖지 않은 미국 국민에 비해서 오히려 의원내각제에 친숙하다고 말할 수도 있다.

물론 제2공화국에서의 약 1년 정도라는 짧은 경험이 정치적으로 얼마나 큰 의미가 있느냐고 반문할 수도 있을 것이다. 하지만 이 시기의 짧은 경험이 오랫동안 국민들로 하여금 의원내각제를 기피하고 대통령제를 지지하게 만드는 정당화 논리의 매우 중요한 근거로 작용해왔다. 물론 이 정당화 기제는 제2공화국을 쿠데타로 무너뜨리고 집권한 군부 집단의 쿠데타 정당화 논리에서 기인한 것이다. 쿠데타를 주도한 군부 집단은 시민들이 모처럼 이승만 독재 정부로부터 벗어나 자유롭고 민주적인 정부 아래에서 자신들의 목소리를 적극적으로 내기 시작한 것과 정치인들의 역동적인 정치 활동을 모두 극도의 혼란 상황으로 규정하면서 마치 의원내각제가 이런 혼란의 원인인 것처럼 몰아갔다. 제2공화국의 의원내각제에 대한 군부 집단의 이러한 인식은 오랜 군사정권 내내 대통령의 권력 강화를 정당화하는 논리의 근거로 사용되었다. 그 결과 국민들의 무의식 가운데 의원내각제는 혼란이며 대통령제는 질서라는 인식틀이 강력하게 자리를 잡게 되었다. 제2공화국의 의원내각제가 제 모습을 제대로 드러낼 기회도 갖지 못한 채 1년 만에 군부 집단에 의해 붕괴되었는데 10년이 넘는 이승만 정권의 대통령제 아래 계속되었던 극단적인 혼란은 어디론가 사라져버린 채 단지 1년의 새로운 경험만이 극단적인 혼란으로 둔갑하여 일반 국민들에게 의원내각제에 대한 잘못된 인식의 근거로 작용해온 것이다.

## 2. 대통령제는 대한민국 건국의 다수 주역들이 본래 생각했던 정부형태가 아니었다

일제강점기의 대한민국임시정부 시절이나 해방 후 수립된 대한민국 정부 시절이나 대한민국 건국의 주역들은 본래부터 대통령제보다는 의원내각제나 혼합형 정부형태를 대한민국의 바람직한 정부형태로 생각하는 경향이 뚜렷했다. 그런데 미국에서 주로 활동하면서 미국의 민주정치로부터 큰 감명을 받은 이승만은 대통령제를 지속적으로 강력히 요구했다. 그 결과 해방 후 수립된 대한민국이 제헌헌법에서 정부형태로 대통령제를 취하게 되면서 이승만이 초대 대통령직을 맡게 되었던 것이다. 이렇게 하여 대통령직을 맡게 된 이승만 정권이 1960년 4월혁명으로 붕괴되자 드디어 건국의 다수 주역의 원래 뜻에 더 가깝게 의원내각제 정부형태를 회복한 제2공화국 헌법이 만들어졌다. 그리고 이에 따라 제2공화국의 장면 정부가 출범하여 의원내각제 국가로서 국가의 미래를 향해 새로운 발걸음을 내디디려고 했는데 1년이 채 안 되어 정치적인 군부 집단이 이 모든 것을 수포로 돌아가게 만들어버렸다. 정부형태를 다시금 권력자의 막강한 권력 행사에 유리한 대통령제로 되돌려버린 것이다. 이것이 그후 오랜 군사정권 시기 동안 유지되었고 1987년 민주항쟁 과정에서도 이를 시정하지 않은 채 지금까지 오게 되었다. 이것이 오늘날 우리 국민에게 "친숙한 대통령제"의 역사적인 배경이다.

### 1) 대한민국임시정부의 정부형태

(1) 대한민국임시헌장과 의원내각제

1919년 한반도를 중심으로 삼일독립운동이 뜨겁게 발생하자 이 뜻을 잇고자 각지에서 독립운동 단체가 동시에 만들어져서 임시정부를 구성했는데 애국지사들이 가장 많이 모여든 중국 상해에서는 4월 이동녕을 의장으로 하는 임시의정원 회의를 개최하여 대한민국임시헌장을 선포하고 이에 따라 국무원을 선출하여 대한민국임시정부를 수립했다. 대한민국임시정부는 이승만을 정부수반인 국무총리로 선출했으나 임시헌장 제2조에는 임시정부의 통치가 임시의정원의 결의에 의해 이뤄진다고 규정함으로써 국가수반과 정부수반이 일원화된 의원내각제 정부형태에 가까웠다. 상해의 대한민국임시정부가 임시의정원을 국정의 중심에 두는 구조를 선택한 것은 다양한 정파의 독립운동가들이 모여 구성된 임시정부에서 정파 간 협의가 특히 중요하다고 보았기 때문일 것으로 생각된다(김영수, 2000: 871).

(2) 대한민국임시헌법과 대통령제적 특성의 강화

그런데 이 시기에 독립운동 단체에서 실제로 정부수립에 착수한 곳은 상해의 대한민국임시정부 외에 블라디보스톡의 대한국민의회와 서울의 한성정부가 있었다. 그래서 이들 임시정부를 통합하는 과정을 거쳐서 마침내 9월 통합된 대한민국임시정부를 수립하기 위해 헌법개정이 이뤄져 등장한 것이 대한민국임시헌법이었다. 그런데 대한국민의회의 정부형태는 대통령제였고 한성정부 역시 대통령제와 유사한 집정관총재제를 취하고 있었다. 이런 이유로 상해의 대한민국임시정부는 통합을 위해 대통령제적 요소를 적극 수용한 결과 통합된 대한민국임시정부의 임시헌법은 임시정부 헌법들 가운데 대통령제적 특성이 가장 뚜렷했다. 즉 국무총리가 있었지만 임시대통령이 국가수반이자 정부수반인 구조였다. 그러면서 임시대통령은 임시의정원에서 선출되며 국무원의 임명은 비록 대통령에 의해 이뤄지지만 임시의정원의 동의를 얻어야 하는 점 등은 의원내각제적인 요소였다. 상해임시정부 측은 한성정부의 이승만 측과 수반의 호칭을 둘러싼 마찰이 있었음에도 결국 이승만에게 대통령 호칭을 부여하는 것을 수용한 것인데, 이렇게 해서 채택된 임시헌법의 대통령제는 통합을 위한 불가피한 선택의 결과였다. 그럼에도 불구하고 임시헌장에도 여전히 의원내각제적 요소가 어느 정도 유지된 것에 대해서는 이들이 진실로 의원내각제를 이상으로 생각하고 있었을 뿐 아니라 현실적으로도 권력의 집중보다는 분산 내지는 안배를 희망한 절충적인 노력의 결과라는 김영수의 해석이 설득력을 지니고 있다(진영재·최선, 2009: 34-35; 김영수, 2000: 873-877).

(3) 대한민국임시헌법의 개정과 의원내각제로의 복귀

그런데 임시대통령직에 취임한 이승만은 임시정부가 위치한 상해에 얼마 머물지 않는 등 직무수행에 성실하지 않았으며 미국의 윌슨 대통령에게 국제연맹에 의한 대한민국의 위임통치를 청원한 일 등으로 인해 1923년 임시의정원에 의해 탄핵되고 말았다. 그리고 대한민국임시정부와 여러 독립운동 세력이 독립운동 추진 과정에서 대한민국임시헌법이 현실적으로 많은 문제가 있음을 깨닫게 됨에 따라 1925년 개헌을 추진하여 약 6년 전에 비해 훨씬 축약된 제도를 담은 새로운 대한민국임시헌법을 탄생시켰다. 그런데 제2차 개헌을 통해 탄생한 이 새로운 대한민국임시헌법은 임시정부 현실에 맞춰 축약된 제도를 담았을 뿐 아니라 정부형태에서도 의원내각제로의 복귀라는 큰 변화를 담았다. 개정된 임시헌법 제4조에는 임시정부가 내각의 수반인 국무령과 국무원으로 조직된 국무회의의 결정으로 행정과 사법을 통할하는 것으로, 제13조와 제16조에서는 국무령이 임시의정원에서 선출되며 국무원은 국무령의 추천으로 임시의정원에서 선임되는 것으로, 그리고 제5조에서는 국무령이 임시의정원에 대하여 책임을 지는 것으로 각각 규정되었다. 이처럼 내각수반이지만 국가수반의 권한도 갖는 국무령이 임시의정원에서 선출될 뿐 아니라 임시의정원에 책임을 진다는 점 등을 통해서 볼 때 개정된 임시헌법의 정부형태는 의원내각제적 특성이 뚜렷한 국무령제라고 볼 수 있다(진영재·최선, 2009: 35-37; 김영수, 2000: 878-879).

(4) 대한민국임시약헌 및 대한민국임시헌장과 의원내각제 기반 주석제

임시정부가 1925년 개헌에도 불구하고 내각을 조직하는 데 어려움을 겪는 가운데 김구가 국무령으로 취임해서 내각수반인 국무령 중심의 체제를 국무위원의 집단지도체제로 바꾸는 내용으로 개헌을 이루었다. 이렇게 해서 1927년 탄생한 대한민국임시약헌은 국무령을 없애는 대신 국무위원의 호선으로 1인의 주석을 두었다. 주석은 국무회의를 주재하는 의장의 역할을 할 뿐 그 권한과 책임이 다른 국무위원과 동등하며 국무위원들이 차례로 돌아가며 맡을 수 있게 했다. 국무회의에는 정부수반과 국가수반의 권한이 주어져 있었으며 국무위원은 임시의정원에서 선출되었다. 그리고 국무회의는 임시의정원에 대하여 책임을 졌다. 이렇게 보면 대한민국임시약헌의 정부형태는 기본적으로 의원내각제적 특성을 바탕으로 한 집단지도체

제라고 할 수 있다. 이러한 정부형태는 대한민국임시약헌이 개정되는 1940년 10월까지 13년 7개월 동안 유지되었다(진영재·최선, 2009: 37-39; 김영수, 2000: 881-883).

중일전쟁의 발발로 중국이 전쟁의 와중에 들어가면서 중국의 수도가 중경으로 옮겨졌고 대한민국임시정부도 상해를 떠나 각지를 떠돌다가 1940년 중경으로 이전했다. 중경으로 옮긴 임시정부는 광복군총사령부를 설치한 후 전시체제를 갖추기 위해 임시약헌을 개정하게 되었다. 1940년 개정된 임시약헌은 주석에게 임시정부를 대표하는 국가수반과 정부수반의 권한을 부여했다. 주석과 국무위원이 임시의정원에서 선출되고 임시의정원에 대해 책임을 지는 것은 동일하나 의정원이 주석과 국무위원을 면직할 수 있도록 의정원의 권한이 강화되었다. 이처럼 한편으로는 국무위원회에 대한 임시의정원의 권한을 더욱 강화하면서 다른 한편으로는 독립운동을 효율적으로 수행하고 전시 지도체제를 강화하기 위해 주석에게 권한을 더욱 부여하였다. 이것은 의원내각제적인 기존의 큰 틀을 유지하면서도 국가수반과 정부수반의 권한과 책임을 국무회의 혹은 국무위원회라는 집단지도체제 대신에 국무위원회 의장인 주석에게로 보다 명확히 부여한 것이다(진영재·최선, 2009: 39-40; 김영수, 2000: 884-887).

제2차 세계대전의 발발로 일제의 패망과 연합군의 승리가 예상되자 임시정부는 광복 후의 대한민국 정부수립을 위한 개헌 작업을 시작했다. 그 결과 1944년 탄생한 대한민국임시헌장은 이전의 임시정부 헌법에 비해 훨씬 포괄적이고 체계적인 성격을 띠었다. 하지만 권력 구조와 정부형태에서는 의원내각제를 바탕으로 한 이전의 큰 틀에서 근본적인 변화가 이뤄지지는 않았다.

우선 주석에게는 국가수반과 정부수반의 권한이 부여되었다. 그리고 국무위원회의 주석, 부주석, 국무위원은 임시의정원에서 선출되었고 국무위원회는 임시의정원에 책임을 졌다. 1925년 개정된 대한민국임시헌법부터 계속해서 정부수반과 국무위원에 대한 재선 가능한 3년 임기가 주어졌는데 대한민국임시헌장에서는 최초로 주석, 부주석, 국무위원에 대한 탄핵이나 불신임 권한이 임시의정원에 있다는 점을 명시하였다. 임시헌장의 정부형태는 1940년 개정된 임시약헌에 비해 주석의 권한이 강화된 특징을 지니지만 그럼에도 여전히 기본적으로 의원내각제에 바탕을 둔 형태인데 국무위원회 구성원에 대한 임시의정원의 불신임 권한은 의원내각제적인 특성을 더욱 뚜렷이 보여준다(진영재·최선, 2009: 40-41; 김영수, 2000: 888-893).

**2) 대한민국 정부수립을 위한 제헌헌법의 원안은 의원내각제였다**

1948년 2월 유엔의 결의에 따라 1948년 5월 남한만의 총선거가 실시됨으로써 제헌국회가 구성되었다. 이승만이 초대 국회의장을 맡은 제헌국회는 헌법기초위원회를 구성했고 헌법기초위원회는 유진오의 안을 원안으로 권승렬의 안을 참고안으로 하여 헌법 초안 작성에 들어갔다. 그런데 이 두 안에서는 모두 정부형태가 의원내각제였으며 국회는 양원제 국회였다. 헌법학자 유진오는 반드시 의원내각제

1948년 5월 31일 제헌국회에서 개회사를 하는 이승만 국회의장

여야 한다는 확신을 갖고 이를 관철하려 노력했으나 당시의 국회의장이었을 뿐 아니라 부동의 대통령 후보였던 이승만은 의원내각제를 완강하게 반대하면서 대통령제를 주장했다. 그 결과 헌법기초위원회는 애초에 의원내각제로 기초했던 헌법안을 이승만 의장의 의도에 따라 대통령제로 변경하여 완료했고, 이것이 6월 본회의에서 통과되고 7월 17일 공포됨으로써 대한민국 제헌헌법의 발효가 이뤄졌다(김영수, 2000: 400 이하).

그런데 초대 대통령으로 취임한 이승만은 국회를 경시하고 독주하였다. 그래서 최다수 의석을 차지하고 있던 한민당이 이에 제동을 걸기 위해 1950년 1월 의원내각제로의 헌법개정안을 국회에 제출하였다. 이들은 대통령제로는 실정에 대한 책임을 물을 수 없다는 점, 대통령제의 독재화에 대한 우려, 대통령제에서는 중상과 모략을 일삼는 파당 정치가 지배하므로 정당이 합리적인 의회투쟁을 할 수 있는 의원내각제가 요구된다는 점, 제헌 당시에 의원내각제가 초안이었으나 이승만이 대통령제 헌법이 아니면 하야하겠다는 등의 급격한 사정에 밀려 바뀌게 된 것이므로 원상복구해야 한다는 점 등을 헌법개정 제안 이유로 설명했다. 개헌안을 놓고 찬반 의견이 격렬하게 대립했으나 개헌안 통과 저지를 위한 이승만 정권의 온갖 노력 끝에 결국 개헌안은 통과되지 못했다(김영수, 2000: 435-436).

제2대 국회의원 선거 이후 야당 세력이 점점 커지고 민심은 정부로부터 떠나가자 국회에서의 간선제로 당선된 이승만 대통령의 차기 재선이 어려워 보였다. 이에 정부는 대통령직선제를 골자로 하는 개헌안을 1951년 11월 국회에 제출했으나 압도적인 표차로 부결되었다. 이에 야당은 1952년 4월 의원내각제 개헌안을 다시 제출했고 정부 역시 대통령직선제 개헌안을 다시 제출했다. 이런 와중에 국회는 전원위원회를 두고 정부의 압박 아래 국회안과 정부안의 발췌안을 마련한 후 1952년 대통령직선제와 국회 양원제를 골자로 하는 개헌안을 통과시켰다(발췌개헌). 이에 따라 1952년 8월 대통령 선거에서 이승만이 대통령으로 당선되었으나 1954년이 되어서는 현 대통령의 중임 제한을 철폐하여 3선을 가능하게 하는 헌법개정을 추진했다. 개헌안은 11월 국회에서의 표결 결과 재적의원 3분의 2에 1인 미달인 135명 찬성으로 부결(당시 국회 사회자였던 국회부의장이 부결 선포)

되었으나 소위 사사오입 계산이라는 비상식적인 논리(재적의원 203명의 3분의 2는 135.333명인데 이를 사사오입하면 136명이 아니라 135명이라는 논리)로 개헌안의 가결을 다시 선포(개헌안 부결 선포 이틀 뒤 국회부의장은 이틀 전의 개헌안 통과 부결 발표는 계산상 착오였기 때문에 취소한다고 말하고 개헌안은 가결 통과되었다고 선포)한 후 즉시 공포해버렸다(사사오입개헌)(김영수, 2000: 437-447).

이렇듯 이승만 정권은 집권 연장을 위해 온갖 무리수를 감행함으로써 점점 더 민심으로부터 멀어져갔다. 이런 와중에 1960년 3월 15일 실시한 정·부통령 선거에서 온갖 부정이 난무하자 이를 부정, 불법 선거로 규정한 학생과 시민의 시위가 마산을 시발로 전국으로 급속히 확산하였다. 그리고 이승만 정권의 장기간의 독재체제에 대한 시민들의 분노가 4월혁명의 형태로 폭발하여 마침내 이승만 정권이 종말을 고하게 된 것이다. 4월 25일 민주당은 대통령의 하야, 정·부통령 재선거, 의원내각제 개헌 같은 시국 수습안을 발표했고 4월 26일 이승만 대통령은 국민이 원한다면 대통령직을 사임하고 정·부통령 선거를 다시 실시하고 의원내각제 개헌을 하겠다는 등의 내용을 밝히면서 하야를 발표하였다(김영수, 2000: 447-450).

## 3. 친숙한 대통령 게임에서 이제 벗어나
## 의원내각제에 대한 역사적 기억을 널리 공유해야

### 1) 대한민국임시정부에서 제6공화국까지의 의원내각제와 대통령제

먼저 앞 절에서 자세히 설명한 대한민국임시정부로부터 오늘날의 제6공화국에 이르는 대한민국 정치사에서 그동안 어떻게 해서 의원내각제가 대통령제로 바뀌어왔는지 간략히 요약하면 다음과 같다.

삼일 독립운동의 뜻에 따라 중국 상해에서 수립된 당시의 대한민국임시정부는 국무총리를 수반으로 하여 입법부인 임시의정원의 결의에 따라 통치하는 의원내각제 정부형태에 가까웠다. 그후 각지의 임시정부를 통합하는 과정에서 특히 이승만 측의 뜻을 수용하여 잠시 대통령제적 특성을 강화하기도 했으나 이승만이 임시대통령직에서 탄핵된 후 얼마 있지 않아 국무령을 정부수반으로 하는 의원내각제로 정부형태를 다시금 되돌렸다. 대한민국임시정부는 그후 국무령제를 주석제로 바꾸어 국무위원의 집단지도체제를 강화했다가 전시체제에 부응하기 위해 다시 주석의 권한을 강화하는 등의 부분적인 변화를 겪기도 했지만 정부형태의 큰 틀은 입법부인 임시의정원에 바탕을 둔 의원내각제 성격에 가까웠으며 광복을 준비하는 차원에서 만든 1944년의 대한민국임시헌장에서는 국무위원에 대한 불신임 권한을 임시의정원에 부여하는 등 의원내각제적인 특성을 보다 강화하기도 했다.

해방 후 대한민국의 정식 정부수립을 앞두고 어떤 정부형태를 취하느냐 하는 것은 무엇보다 큰 관심사였다. 비록 대한민국임시정부가 대한민국 정부수립으로 자연스레 이어지는 대신에 1948년 5.10 총선에 의해 개원한 제헌국회를 통해 제정된 헌법에 따라 8월 15일 대한민국 정부가 수립되었지만 제헌헌법 전문에 명확히 밝혀져 있듯이 민주 독립국가로서의 대한민국 재건은 분명히 "삼일운동으로 대한민국을 건립하여 세계에 선포한 위대한 독립 정신을 계승"한 것이다. 즉 삼일운동으로 탄생한 대한민국임시정부의 정신을 계승했다는 것이다. 이뿐만 아니라 제헌국회 헌법기초위원회의 원안을 제공한 유진오 등도 대한민국임시정부의 헌법들이 제헌헌법 초안을 마련하는 데 큰 영향을 끼쳤다고 밝혔다. 이런 맥락에서 제헌헌법의 준비가 원래 의원내각제와 양원제를 바탕으로 출발하였으며 실제로도 많은 국회의원이 이에 동의함에 따라 해방 후 대한민국의 정부형태가 의원내각제로 출발하는 것이 자연스런 일이었으나 미국식 대통령제를 매우 강력히 원한 이승만의 요구로 결국 대통령제로 출발하게 된 것이다(김영수, 2000: 404 이하, 962).

하지만 대통령제를 반대하고 의원내각제를 주장한 대부분의 사람이 우려한 대로 이승만 대통령의 권력 강화와 국회 무시, 그리고 더 나아가 독재가 현실화되면서 야당은 정부가 수립된 지 1년 반이 채 되지 않은 때부터 지속적으로 의원내각제 개헌을 추진하였다. 그리고 이승만은 권력의 확대와 연장을 위해 온갖 수단을 동원하여 대통령직선제, 대통령 중임 제한 철폐 등을 이어간 끝에 부정선거와 독재에 항거한 학생들 및 시민들의 저항으로 결국 대통령직을 물러나면서 국민의 뜻이라면 재선거뿐만 아니라 의원내각제 개헌도 하겠다고 밝혔다. 그만큼 이승만 정권의 제1공화국의 대통령제는 미국과는 달리 당시의 많은 시민과 특히 야당 정치인에게 곧바로 독재적 정부형태를 함의하였던 것이다. 그래서 이승만 정권이 붕괴되고 자유로운 분위기 속에서 제2공화국이 탄생할 때 원래 제헌헌법에서 담고자 했던 의원내각제가 새로운 민주공화국의 정부형태로 복귀하게 된 것은 너무나도 자연스런 일이었다. 그런데 안타깝게도 1년이 채 지나지 않아 권력 추구적인 군부 집단에 의해 이 모든 정신의 계승 노력이 다시금 무참히 짓밟히고 말았다.

이후 박정희를 비롯한 5.16 군부 세력은 권력의 집중과 권력 연장을 위해 이승만 정권 이상으로 강력한 대통령제를 도입하여 반대 세력을 무참히 탄압했다. 그뿐만 아니라 삼선개헌과 더 나아가 유신헌법으로의 개정 등을 통해서 권위주의적인 장기 집권을 이어가다가 결국 1979년 박정희가 중앙정보부장 김재규에 의해 피살됨으로써 정권의 종말을 맞이했다. 하지만 박정희 정권의 붕괴가 곧 민주화를 의미하지는 않았다. 박정희가 피살되자 곧바로 전두환 신군부가 정권을 접수한 후 제5공화국 헌법을 만들어 제5공화국 신군부 정권을 출범시켰던 것이다. 신군부 정권의 정부형태 역시 두말할 필요 없이 권력 집중이 가능한 강력한 대통령제로서 7년 단임제의 대통령은 대통령선거인단에서 간선제로 선출되었다. 신군부 정권은 전두환의 임기 7년이 끝나는 1987년 신군부 쿠데타의 공범이었던 노태우를 선거인단을 통해 차기 대통령으로 선출하기로 합의한 상태였으나 신군부 정권의 집권 연장을 강력히 거부하고 민주적인 선거를 요구하는 시민들의 민주항쟁이 전국적으로 확산하자 신군부 정권은 마침내 민주적인 대통령 직접선거를 약속하게 되었다. 이렇게 해서 1987년 탄생한 제6공화국의 현행 헌법은 대통령 간접선거를 직접선거로 바꾸는 것에 집중함으로써 권력 구조 내지는 정부형태의 근본적인 민주화에 대한 관심을 소홀히 하고 말았다.

제6공화국 헌법 아래 치른 첫 대통령 선거에서는 야권의 김영삼 후보와 김대중 후보가 모두 완주하면서 결국 신군부 출신 노태우 후보를 당선시키는 결과를 초래했다. 5년 단임 대통령제에 따라 노태우 정부에 이어서 김영삼 정부, 김대중 정부, 노무현 정부, 이명박 정부, 박근혜 정부, 문재인 정부 그리고 윤석열 정부가 차례대로 출범했다. 그런데 앞에서도 말했듯이 이중에서 노무현 전 대통령은 국회에서 탄핵 소추되었으나 헌법재판소의 소추 기각으로 대통령직으로 복귀했고 박근혜, 윤석열 전 대통령은 탄핵 소추가 헌법재판소에서 인용됨으로써 임기를 채우지 못한 채 대통령직에서 물러났다.

### 2) 대통령 게임에 사로잡힌 대한민국 정치 현실

대통령제의 대한민국 정치 현실이 아주 명백히 보여주는 사실은 대한민국 정치의 의미와 목표가 철저히 "대통령 게임"에 의해 규정되고 있다는 점이다. 대통령 게임의 가장 중요한 원칙은 넷플릭스 드라마 〈오징어 게임〉에서처럼 게임의 패자는 사망하지만 모든 고비를 넘기고 최종 승리한 자에게는 엄청난 보상이 주어진다는 것이다. 드라마 〈오징어 게임〉의 황동혁 감독은 한국의 냉혹한 자본주의를 바탕으로 아이디어를 구상했다고 하지만 실상은 승자가 많은 자본주의보다는 오직 한 명의 승자만을 허용하는 한국식 대통령제가 더욱 〈오징어 게임〉의 성격에 가깝지 않나 생각된다.

해방 후 대한민국의 대통령제에서 정식 대통령이 된 사람은 모두 10인이다. 그 가운데 박정희, 전두환, 노태우는 군부 쿠데타를 통해 권력 중심에 진입한 사람들로, 살해당하거나 퇴임 후 법정에서 실형을 선고받았다. 나머지 7인은 민간인으로서 순수히 선거를 통해 대통령이 되었지만 이승만 전 대통령은 재임 중에 하야했고 박근혜, 윤석열 전 대통령은 탄핵을 당해 중도 하차했다. 노무현 전 대통령은 퇴임한 다음해에 스스로 목숨을 끊었고 이명박, 박근혜 전 대통령은 대통령직에서 물러난 후 모두 구속되어 실형을 살았으며, 윤석열 전 대통령은 현재 재판 진행 중이다. 오직 김영삼, 김대중, 문재인 전 대통령만이 퇴임 후 구속되는 일 없이 지냈지만 김영삼, 김대중 전 대통령은 자식들이 실형을 살았다. 이처럼 대한민국의 대통령은 제왕적 대통령이라고 불리기도 할 만큼 강력한 권력을 재임 중에 누리지만 대통령에게 주어지는 직간접적인 특권이 엄청난 만큼이나 대통령이 되는 과정에서나 혹은 대통령 임기 중에 본인 혹은 주변 사람들이 언제나 커다란 위험에 노출되어 여러 불행을 겪어왔다. 더구나 이러한 대통령직에 접근하거나 집권 기간을 연장하기 위해 쿠데타, 비상계엄, 사사오입개헌 같은 무리한 방법을 이용하였다가 결국은 무거운 대가를 치르곤 하였다. 그리고 재임 중에 주어진 막강한 권한 사용을 둘러싸고도 정치권과 시민사회에서 치열한 공방이 이어지면서 정치사회적 혼란과 갈등이 지속되어왔다.

대한민국의 대통령은 수단과 방법을 가리지 않고 취임하기만 하면 막강한 권력을 이용하여 무엇이든 할 수 있다는 환상을 제공해왔다. 실제로 최종적으로 이러한 대통령직에 이르는 데 성공하면 엄청난 권한을 획득하지만 최종 게임에 가까이 가다가 실패할수록 더욱 많은 것을, 심지어 모든 것을 잃게 되며 때에 따라서는 집권 세력으로부터 온갖 사법적 괴롭힘과 위협까지 당할 수 있다는 것을 그동안의 역사는 보여준다. 그러다 보니 대한민국 정치인에게서는 한결같이 정치란 권력을 장악하는 것이며 정치인의 궁극적인 꿈은 대통령이 되는 것이다. 설혹 본인이 대통령이 되지는 않더라도 대통령 주위에서 대통령의 막강한 권력의 혜택을 누리는 것을 꿈꾸면서 잠재적인 대통령 후보 중심으로 정치인들이 모여든다. 그래서 새로운 정당이 만들어지면 그 정당의 이념이나 정강정책에 대해서보다는 잠재적인 대통령 후보감이 될 만한 인물이 있는지에 더욱 주목하여 이를 중심으로 정치인들과 유권자들의 표가 결집되는 경향이 있다. 본인이 잠재적인 대통령 후보라고 여기는 정치인은 대통령 입후보 자격인 40세가 되자마자 대통령 출마 선언을 하든지 현직 대통령이나 자신의 소속 정당 혹은 다른 정당의 잠재적인 대통령 후보와 끊임없는 차별화를 시도한다. 그러면서 자신의 독자적인 정책을 내놓기보다는 인물평을 쏟아내며 자신의 존재감을 드러내는 식으로 대통령 게임에 몰두한다. 그리고 일반 유권자들은 이런 인물 중심의 이전투구식 정치를 비난하면서도 정치인들의 대통령 게임 구도에 자신들도 모르는 사이에 편입되어 후보자를 지지하는 유권자들 사이에 분열과 대립, 심지어는 혐오감까지 확산함으로써 이것이 한국 사회 분열의 매우 중요한 요인으로 작용하고 있다.

### 3) 의원내각제가 추구하는 정치의 최종 목표는 각 정당에 고유한 방식의 공익 실현

의원내각제에서도 총리가 매우 주목받는 정치인이긴 하지만 집권하게 되면 총리 개인에게 권력이 집중되지 않고 집권에 참여한 단일 혹은 복수의 정당이 권력을 공유하게 된다. 그러므로 개별 정치인의 인물적 특성도 선거에서 영향을 끼치긴 하지만 그 이상으로 각 정당의 정체성과 정책, 그리고 역사에 대한 경험이 기본적으로 더욱 중요한 영향을 끼친다. 그러므로 정치적 논쟁도 인물에 대한 논평 중심으로 이뤄지기보다는 정당의 정책이나 이념을 중심으로 이뤄지기 때문에 훨씬 더 합리적인 성격을 띤다. 물론 의원내각제에서도 각 정당의 정치적 활동은 궁극적으로 집권을 목표로 하지만 그 목표 달성 과정이나 방식은 각 정당의 정체성에 부합할 것을 기본적으로 요청받는다. 따라서 의원내각제의 각 정당은 선거 때마다 표변하여 마구잡이로 공약을 남발하고는 당선 후에 이를 뒤집는 방식으로는 당을 유지하기가 어렵다. 어쨌든 이런 식의 정책 중심의 정당정치가 자리를 잡은 곳에서는 정치의 목표도 단순한 권력 쟁취가 아니라 각 정당에 고유한 정책을 실현하기 위한 권력 쟁취, 즉 각 정당의 고유한 방식의 공익 실현이 최종적인 목표가 된다. 이러한 공익 실현 목표를 위해 각 정당과 정치인들은 때로는 다른 정치세력과 경쟁하고 대결하지만 때로는 적극 협력하고 연대하는 방식을 선택함으로써 결국 정치권이 함께 공동체에 주어진 고난도의 정치적 문제를 풀어가는 데 머리를 맞대게 된다.

앞에서 언급했듯이 일제강점기에 대한민국임시정부를 수립하여 독립운동을 추진했던 건국의 주역들은 독립운동 세력들이 지향하는 노선의 다양성을 전제로 이들의 목소리를 함께 품을 수 있는 권력 구조 혹은 정부형태를 선택하지 않을 수 없었다. 그런데 여기에는 최고 권력자가 독선적으로 국정 운영을 할 위험이 큰 대통령제는 결코 부합하지 않았다. 그럼에도 불구하고 이승만 측을 적극 품는 차원에서 대통령제적 특성이 강화된 정부형태를 잠시 취하기도 했지만 그 부작용이 여실히 드러나면서부터는 의원내각제의 큰 틀에 바탕을 둔 정부형태를 해방이 될 때까지 유지했다. 이것은 해방 이후의 제1공화국에서도 마찬가지였다. 다양한 노선의 정치세력이 각축을 벌이던 해방 정국에서 국민의 여러 목소리를 반영하면서도 국정의 안정을 기하기에 적합한 정부형태는 의원내각제라는 것이 제헌헌법을 준비하던 정치인들과 전문가들의 대체적인 견해였다. 하지만 이승만 없는 정부수립을 생각하기 어려웠던 당시 상황에서 이승만의 벼랑 끝 전

술 때문에 결국 대통령제를 정부형태로 하는 제1공화국이 출범하게 되었다. 그리고 대통령제의 문제점이 곧바로 드러나면서 야당은 끊임없이 의원내각제로의 환원을 주장하게 되었고 대통령의 권력을 강화하고 임기를 연장하려고 무리수를 쓰던 이승만 정권이 마침내 붕괴하자 당시의 정치권과 시민들이 요구하던 대로 의원내각제 정부형태의 민주적인 제2공화국이 탄생하게 되었던 것이다.

### 4) 친숙한 대통령 게임으로부터의 탈출과 낯선 의원내각제에 대한 역사적 기억의 공유

그러나 민주주의의 강한 열망을 품은 시민들의 뜻 위에서 모처럼 탄생한 민주적인 제2공화국도 오직 자신들의 권력 추구에만 혈안이 되어 있던 군부 집단에게 짓밟혀버림으로써 이때부터 대한민국 정치는 간단없는 대통령 게임의 굴레 속으로 빠져들게 되었다. 박정희 군부 정권으로부터 전두환 신군부 정권에까지 이르는 오랜 기간 동안 대통령제는 군사독재를 위한 의상에 불과했다. 그러다가 1987년 시민들의 민주항쟁의 결실로 제6공화국이 출범했으나 이미 대통령 게임에 너무나 익숙해진 정치 지도자들은 대통령 게임 자체를 극복할 생각 대신에 오직 게임의 최고 승자가 될 생각에만 사로잡힌 채 마침내 신군부 출신 후보자와의 수 싸움에서 패배하면서 신군부 정권을 연장시키는 어처구니없는 일도 벌어졌다. 어쨌든 대통령 게임을 계승한 제6공화국은 군사정권으로부터 민간 정권으로의 전환과 평화적인 정권 교체라는 민주주의 발전의 큰 업적을 이루기도 했다. 하지만 대통령 게임의 참가자가 급격히 늘면서 게임은 더욱 치열해지고 잔인해지기도 하였다. 각자도생식의 대통령 게임은 정치인들과 정치세력을 분열시키고 대립시킬 뿐 아니라 이들을 지지하는 일반 시민들도 분열시키고 서로 대립하고 갈등하고 혐오하도록 만들기까지 한다.

　1961년 이후 지금까지 60년이 훨씬 넘는 오랜 기간 동안 대한민국의 시민들은 어느덧 대통령 게임에 익숙해져버렸다. 1987년에 출범한 지금의 제6공화국만 해도 벌써 40년에 가까운 긴 시간 동안 반복해서 벌어져온 대통령 게임이 시민들의 일상생활의 일부가 되었다. 그러므로 이런 상황에서 의원내각제가 이제 아주 낯선 제도로 여겨지는 것은 너무나도 자연스런 일일 수 있다. 하지만 대한민국 시민이 4월혁명과 해방과 독립운동과 삼일운동을 결코 잊을 수 없듯이 대한민국임시정부로부터 제2공화국까지 이어진 위 세대들의 의원내각제를 향한 뜨거운 열망과 지속적인 실천의 역사도 결코 잊을 수 없는 일이다. 권력 추구에 특별히 집착하였던 이승만 전 대통령이나 쿠데타로 권력을 장악한 군부 집단은 말할 것도 없지만 제6공화국, 특히 민간인 정권으로 전환된 1990년대 이후 정치 민주화를 앞장서 외쳐온 정치 지도자들이나 시민사회조차도 대통령 게임에 온전히 편입되어버린 채 이것의 극복을 위한 노력을 소홀히 한 것에 대한 역사적 책임에서 자유로울 수 없다고 본다. 독립운동 선조들이 소중히 지켜왔으며 4월혁명의 결실로 싹 틔우려 하다가 짓밟힌 의원내각제에 대해 그들은 무관심했다. 그 결과 의원내각제는 오늘날 시민들에게 낯선 제도가 되어버렸다. 그동안 잠시 낯설었을지 모르지만 대한민국이 민주공화국으로 임시정부와 해방 후 정식 정부가 수립되는 과정에서 그리고 그 이후 독재를 극복하고 민주공화국으로 다시 자리매김하는 과정에서 바탕이 되었던 의원내각제에 대한 기억이 이 시대의 한국 사회 시민들에게 다시금 널리 확산되고 공유되기를 희망한다. 그리고 분열과 대립으로 점철된 대한민국이 진정한 민주공화국과 연대·협력형 선진사회로 나아가는 데 이 역사적 기억의 공유가 기여하게 되기를 기대한다. 나는 제왕적 대통령제에서 대통령을 두 명째 탄핵시킨 지금이야말로 분권화 개헌을 공론화하고 궁극적으로는 이러한 기억을 바탕으로 의원내각제로의 전환에 시동을 걸 수 있는 절호의 기회라고 생각한다.

# 7장
# 의원내각제는 정치적 혼란을 일으키는 불안정한 제도인가?

흔히 의원내각제 정부가 약하고 불안정하여 정치적 혼란을 가져오기 쉽다고 생각하는 사람이 많다. 특히 우리 사회에 이런 인식이 비교적 널리 공유되어 있다. 우리 사회에 이런 인식이 널리 확산되어 있는 것은 제2공화국을 무력으로 짓밟은 5.16 군부 세력이 자신들의 군사 쿠데타를 정당화하려고 제2공화국을 혼란스럽고 무능하고 부패한 정부로 묘사한 것에서 기인한다. 그리고 오랜 군사정권의 최고 권력자들과 정치인들이 강력한 지도력을 지닌 북한과 대립하는 위기 상황에 적극 대처하기 위해서는 대한민국에도 대통령의 강력한 정치적 리더십이 필요하지 의원내각제의 약한 정부는 부적절하다는 주장을 끊임없이 펼쳐왔던 것에도 기인한다. 권력자들과 주변의 정치인들의 이러한 주장과 인식은 군사정권에서 민간 정권으로 전환된 뒤에도 크게 바뀌지 않고 지속되었다.

이런 주장을 하는 사람들에게는 외국의 의원내각제 국가에서 전개된 정치적 혼란상과 불안정 사례가 매우 좋은 증거로 간주된다. 하지만 의원내각제 국가라고 해서 모두 정치적으로 혼란스럽고 불안정한 국가가 아니다. 이뿐만 아니라 대통령제 국가라고 해서 모두 정치적으로 혼란이 없고 안정된 국가도 아니다. 중남미나 아프리카의 많은 대통령제 국가에서 끊임없는 쿠데타로 정국의 극심한 혼란과 무질서가 발생하는 것을 우리는 자주 목도하는데, 이러한 혼란과 무질서는 대통령제와 결코 무관하지 않다.

## 1. 의원내각제가 정치적 불안정을 낳을 수 있는 요인과 효과적인 대처 방안

### 1) 내각 구성의 어려움, 연립정부의 불안정, 내각에 대한 의회의 불신임권

의원내각제가 대통령제와 달리 정치적 혼란과 불안정을 야기할 수 있는 요소로는 내각에 대한 의회의 불신임권 행사와 정부의 의회해산권 행사, 그리고 특별히 다당제 국가에서 겪는 내각 구성의 어려움 및 연립정부의 불안정성을 들 수 있다. 지나치게 빈번한 정부의 교체로 정치적인 혼란과 불안정을 겪어온 가장 대표적인 사례는 이탈리아다. 이탈리아에서는 제2차 세계대전 종전 이후 최근까지 약 70회의 정부 교체가 발생했다. 이것은 거의 매년 정부 교체가 있었다는 것을 의미하며 정부의 평균 수명이 약 1년 정도밖에 되지 않을 만큼

짧았다는 점에서 정치적으로 매우 불안정한 정국이 계속되어왔다는 것을 말한다. 제2차 세계대전의 추축국이었던 이탈리아에서 가장 강력한 반파시즘 투쟁 세력이었던 극좌 세력이 극우 세력과 정치적으로 공존하는 상황에서의 정당 간 극심한 대립과 협력 부족, 지나친 다당제, 의회의 내각불신임권과 정부의 의회해산권의 잦은 행사, 정치인의 부패 등이 이탈리아의 빈번한 정부 교체의 배경이었다.

그렇다면 모든 의원내각제 국가가 이탈리아처럼 정부 교체가 잦아서 대통령제 국가보다 정치적으로 불안정한가? 그렇지 않다. 영국은 제2차 세계대전 종전 후 최근까지 18명의 총리가 정부를 이끌었다. 다만 노동당의 해럴드 윌슨 총리는 보수당에게 정권을 넘겼다가 4년 후 다시 총리가 되었기 때문에 이를 따로 계산하여 19명이라고도 한다. 어쨌든 영국 총리의 평균 재임 기간은 4.4년이며 윌슨 총리를 2번으로 계산하면 4.2년이다. 앞에서 말했듯이 마거릿 대처 총리가 11년 그리고 토니 블레어 총리가 10년 재임한 것을 보면 영국 정부의 높은 안정성을 보여준다. 물론 영국은 의원내각제 국가지만 양당제 국가다.

그렇다고 다당제를 특징으로 하는 의원내각제 국가는 이탈리아처럼 정부 교체가 잦아서 정치적으로 불안정할 것이라고 단정한다면 이것 또한 올바른 판단이라 할 수 없다. 다당제를 특징으로 하는 또 다른 대표적 의원내각제 국가인 독일은 제2차 세계대전 종전 후 독일연방공화국이 건국된 1949년부터 최근까지 10명의 총리가 정부를 이끌어왔다. 총리 1인당 평균 재임 기간은 7.6년이며, 2025년 초에

막 임기를 시작한 신임 총리를 제외한다면 9명의 평균 재임 기간은 8.4년으로 매우 긴 편이다. 특히 콘라트 아데나워(Konrad Adenauer), 헬무트 콜 그리고 앙겔라 메르켈 총리의 재임 기간은 10년이 훨씬 넘는다.

대통령제의 미국 대통령은 제2차 세계대전 종전 후 최근까지 14명이다. 트럼프 대통령이 민주당에 정권을 내줬다가 4년 후 되찾은 것을 따로 계산하면 15명이다. 따라서 미국 대통령의 평균 재임 기간은 5.7년 혹은 5.3년이다. 한국의 경우는 1948년 이후 대통령제에서 선출된 대통령이 2025년 3월 기준으로 총 11명인데 이들 가운데 이승만, 박정희 두 전직 대통령이 비정상적인 방법으로 장기 집권을 한 기간을 포함하더라도 대통령 1인당 평균 재임 기간이 7년이다. 대통령제 국가 가운데서는 정치적으로 가장 안정된 미국의 사례 및 권위주의 정권에 의한 장기 집권이 이뤄진 한국의 대통령제 사례와 비교하더라도 다당제의 의원내각제 국가인 독일이 얼마나 높은 정치적 안정성을 유지해왔는지 알 수 있다.

### 2) 건설적 불신임제, 의회 진입을 위한 봉쇄조항, 그리고 협력과 연대의 정치 문화

그렇다면 독일이 이탈리아처럼 다당제 의원내각제 국가이면서도 이렇게 높은 정치적 안정성을 유지할 수 있는 배경은 무엇인가? 먼저 건설적 불신임(Konstruktives Mißtrauensvotum/Constructive Vote of No

Confidence)제를 들 수 있다. 이 제도는 의회가 현직 총리를 불신임하려면 사전에 후임 총리를 선출해두어야 하는 제도로서 후임 총리를 의회가 합의하여 선출할 준비가 채 되지 않은 상태에서 야당이 현 정부를 마구 흔들어대려는 시도를 막아 정부의 안정성을 보장하려는 데 그 기본 취지가 있다.

이 제도는 1949년 제정된 서독, 즉 독일연방공화국의 기본법에서 가장 먼저 도입되었다. 의회의 무분별한 불신임권 남용을 차단하여 의회의 책임성을 높임으로써 권력 공백을 방지하고 정책 연속성을 보장하는 등 정치적 안정성을 높여온 독일의 경험은 다당제로 연립정부 구성이 빈번한 다른 의원내각제 국가에 영향을 미쳤다. 그 결과 1970년대 말부터는 스페인, 헝가리, 슬로베니아, 벨기에, 폴란드, 이스라엘 등 많은 국가에서도 이 제도를 채택하고 있다. 독일은 바이마르 공화국 당시의 정치적 혼란이 결국 나치즘의 출현으로 이어진 역사적 경험을 교훈 삼아 종전 후 독일연방공화국에 이 제도를 도입한 것이다. 독일에서는 이 제도가 도입된 후 불신임이 두 차례 시도되었는데 1972년 빌리 브란트 총리에 대한 불신임안은 부결되었고 1982년 헬무트 슈미트 총리에 대한 불신임안은 가결되어 헬무트 콜 총리로 교체된 바 있다.

다당제 국가인 독일의 높은 정치적 안정성을 보장하는 데 크게 기여하는 다른 제도로는 신생정당이 의회에 진출하기 위해 충족해야 하는 봉쇄조항이 있다. 독일은 정당이 연방의회(Bundestag) 선거에서 전국 득표율 5%를 넘어야 의회에 진입할 수 있게 한 봉쇄조항을 두

1982년 헬무트 콜(왼쪽)이 헬무트 슈미트 전 총리(오른쪽)에 대한 건설적 불신임 투표를 통해 연방총리로 선출된 뒤 축하를 받는 장면

고 있다. 하지만 지역구 3곳 이상에서 후보가 당선된 정당은 전국 득표율 5%에 미달하더라도 의석을 배분받을 수 있다. 이러한 엄격한 봉쇄조항은 소수 정당의 대표성을 보장하되 소수 정당의 난립을 방지하여 정치적 안정성을 높이기 위한 제도로서 독일에서 그 효과가 입증되었다.

이 제도 역시 봉쇄조항 없이 비례대표제를 운영한 바이마르공화국에서 수많은 정당이 의회에 난립함으로써 정부가 불안정해졌던 경험을 교훈 삼아 도입되었다. 1949년 연방선거법에서는 주별 5% 봉쇄조항이 그리고 1953년 연방선거법 개정을 통해서는 전국 단위의 5%

봉쇄조항이 신설되었다. 이탈리아는 소수 정당의 난립으로 인한 정치적 불안정을 줄이기 위해 1993년 처음으로 4%의 봉쇄조항을 신설한 후 2005년 정당 단독은 2%, 정당 연합은 10%로 조정했다가 2017년 정당 단독은 3%, 정당 연합은 10%로 상향했다. 이처럼 이탈리아에서는 봉쇄조항이 매우 늦게 신설되었을 뿐 아니라 봉쇄 기준이 되는 개별 정당의 득표율 기준도 독일보다 낮게 설정되어 있는 것을 볼 수 있다. 이탈리아는 여전히 정권 교체가 자주 발생하는 정치적 불안정성이 비교적 높은 국가이긴 하지만 그럼에도 불구하고 봉쇄조항이 도입된 이후에는 이전에 비해 평균 정권 교체 기간이 다소 연장되었다. 물론 봉쇄조항은 다당제의 의원내각제 국가에서 주로 도입되어 있지만 한국, 브라질, 멕시코, 아르헨티나처럼 비례대표제를 도입한 대통령제 국가에서도 채택될 만큼 오늘날은 전 세계적으로 비교적 널리 확산되어 있는 제도다.

독일과 이탈리아가 추축국이라는 역사적 배경과 다당제 의원내각제 국가라는 커다란 공통점을 갖고 있으면서도 이처럼 정치적 안정성에서 현저히 큰 차이를 보이는 데는 이들 제도가 매우 중요한 배경으로 작용을 했지만 정치 문화의 차이 역시 중요한 역할을 한 것으로 여겨진다. 즉 독일은 다당제 국가이긴 하지만 중도 우파의 기독교민주연합·기독교사회연합(CSU)과 중도 좌파의 독일사회민주당의 양대 세력이 중심축을 형성하고 여기에 녹색당, 자유민주당 등 여러 소수 정당이 다양한 방식으로 결합하여 정권 교체가 이뤄지는 비교적 안정된 정당 체제가 특징이다. 이 과정에서는 정치적으로 극단적인 입장 간의 대립보다 온건한 입장과 정치적 협력 및 연대의 문화가 큰 힘을 발휘해왔다. 이에 비해 이탈리아는 여러 정당이 난립하여 내각의 구성과 유지가 매우 불안정한 정당 체제를 특징으로 해왔을 뿐 아니라 심각한 부패 문제로 정치적 불신이 매우 높은 편이며 지역 격차와 경제적 불평등에 대한 불만도 심한 편이다. 한편 독일의 경우는 강한 법치주의와 헌법재판소의 적극적인 역할을 통해 정치적 부패와 대립을 최소화해왔으며, 일찍부터 연방주의와 사회정책을 중시하여 지역갈등과 계급 갈등의 해소에도 비교적 큰 성과를 이루어왔다. 이러한 제도적, 정치 문화적 요인들이 배경이 되어 독일의 다당제적 의원내각제는 정치적 연속성과 안정성을 확보할 수 있었다. 그리고 이를 바탕으로 독일 정부는 20세기 중엽 이후 최근까지 경제 발전, 사회발전, 독일통일, 유럽 통합 등과 같은 커다란 성과를 이룩할 수 있었다.

## 2. 대통령제가 정치적 불안정을 낳는 요인

### 1) 분점정부 혹은 여소야대

의원내각제에서는 특히 다당제 국가에서 내각 구성의 어려움과 내각의 불안정성, 의회의 내각불신임권과 정부의 의회해산권 등이 정치적 불안정성을 높이는 중요한 배경이 된다면, 대통령제에서는 무엇보다 행정부 권력과 입법부 권력 간의 대립 및 극단적인 대치가 정치적 불안정성과 혼란의 가장 중요한 배경이 된다. 그리고 정치적 테러는 어디서나 발생할 수 있지만 정책이나 정당보다는 인물 중심의 정치가 매우 뚜렷한 특징인 대통령제에서 정치인, 특히 대통령이나 대통령 후보에 대한 정치적 테러나 습격의 발생 가능성이 훨씬 더 크다.

대통령제 국가인 미국에서 제2차 세계대전 종전 이후 최근까지 대통령과 의회의 다수당이 일치하는 통일 정부(unified government)와 일치하지 않는 분점정부(divided government)는 주기적으로 교체되어온 편이다. 하지만 중간선거에서 유권자들이 대통령과 의회 사이의 견제와 균형을 위해 분점정부를 선호하는 경향 때문에 대통령 소속 정당이 의석을 잃는 경우가 많아 분점정부가 자주 발생해왔다. 입법부 권력과 행정부 권력이 일치하는 의원내각제와 달리 이처럼 미국 대통령제에서는 입법부 권력과 대통령의 행정부 권력이 불일치하는 경우가 매우 빈번히 발생하는데 이런 분점정부는 정부의 정책 결정 과정의 효율성을 떨어뜨릴 뿐 아니라 정치적 갈등을 심화시키는 등 여러 심각한 문제점을 야기한다.

먼저 주요 법안을 통과시키기 어려워지며 대통령이 제안한 예산안의 처리가 지연되면서 연방정부 셧다운 같은 사태가 발생할 수 있는데 실제로 클린턴 행정부, 오바마 행정부 등 여러 행정부에서 셧다운이 발생한 바 있다. 그리고 대통령이 제안한 정책이 의회에서 거부되면 트럼프 대통령처럼 자신의 권한으로 행정명령을 남발할 가능성이 크다. 무엇보다 의회의 견제로 대통령의 외교정책 추진에 큰 어려움

2019년 1월 정부 셧다운 사태에 대해 연설하는 트럼프 대통령

이 발생할 뿐 아니라 경제위기, 팬데믹 같은 국가비상사태에 대한 신속한 대응도 어려워진다. 이 외에 연방 대법관, 각료, 외교관 등 고위 공직자에 대한 인준이 지연되며, 정책 실패에 대한 책임을 대통령과 의회가 서로에게 전가함으로써 책임 소재가 불분명해진다. 그리고 대통령과 의회 간에 그리고 대통령 소속 정당과 의회 다수당 간에 정치적 협력보다는 정치적 대결 구도가 강화되고 대통령의 리더십이 약화되는 등 심각한 정치적 혼란과 문제를 다양하게 발생시킨다.

한국에서는 분점정부라는 표현보다 흔히 여소야대라는 표현을 많이 쓴다. 한국에서도 여소야대 상황, 즉 대통령의 소속 정당이 국회에서 소수 의석을 차지하고 오히려 야당이 다수 의석을 차지한 경우는 여러 차례 있었는데 이런 상황에서는 언제나 정부 정책 추진의 어려움뿐 아니라, 심각한 정치적 갈등, 정국의 불안정과 큰 변화가 발생했다. 여소야대 상황의 노태우 정부는 정부 정책 추진의 어려움에 직면하자 1990년 소속 정당인 민주정의당, 야당이었던 통일민주당 및 신민주공화당의 합당을 통하여 여대야소 상황으로 정국을 전환시키기도 하였다. 노무현 정부에서는 거대 야당 주도로 국회에서 대통령 탄핵 소추를 무리하게 추진함으로써 국회에 대한 국민의 분노가 일어나기도 하였다. 이 외에 국회의원 선거 결과 여당 의석이 국회의 과반 의석에 미치지 못하는 경우, 여러 정부에서 무소속 의원과 심지어 야당 의원을 빼내거나 아니면 군소 야당과의 합당 같은 인위적인 방법을 동원하여 여소야대 상황을 여대야소 상황으로 억지로 전환시켜 왔는데 이 과정에서 정당 간의 정치적 갈등과 대립이 심각해지기도 하였다. 그리고 최근의 윤석열 정부에서는 국회 의석의 3분의 2 가까이 확보한 야당 세력과 정부 간의 한 치의 양보 없는 극단적인 대립이 이어진 끝에 윤석열 전 대통령이 비상계엄이라는 반헌법적이고 불법적인 방법을 동원하였다가 마침내 정권의 붕괴를 초래하는 사태까지 발생하였다.

대통령제 국가에서 이처럼 심각한 정치적 혼란과 불안정을 야기하는 분점정부 상황은 물론 미국이나 한국만의 현상이 아니라 중남미, 아프리카 등 대통령제 국가 어디서나 흔히 맞이하는 불가피한 상황이라는 점을 주목할 필요가 있다. 물론 대통령과 야당 지도자들이 정치적 타협과 협력을 중시하는 정치적 리더십을 통해 분점정부 상

윤석열 대통령이 비상계엄을 선포한 이후 계엄군이 국회 본청에 진입하는 장면

황의 문제점을 최소화하면서 정부와 의회 간의 건설적인 견제와 균형을 이끌어갈 수도 있을 것이다. 하지만 의원내각제와 비교할 때 대통령제가 갖는 여러 내적인 특성이 타협과 협력의 정치보다는 경쟁과 갈등, 그리고 대립의 정치에 더욱 친화적이기 때문에 시민들은 분점정부에 의한 정치적 혼란과 불안정에 대해 우려하게 된다.

### 2) 주요 정치인에 대한 정치적 테러 혹은 폭력

정치인에 대한 테러도 심한 정치적 혼란을 발생시킨다. 정치인 테러는 정부형태와 상관없이 어디서나 발생할 수 있지만 인물 정치의 성격이 강한 대통령제에서는 정치적 테러의 목표가 비교적 분명하기 때문에 대통령이나 대통령 후보 같은 주요 정치인에 대한 정치적 테러가 발생할 가능성이 의원내각제에 비해 훨씬 크다고 볼 수 있다.

실제로 미국에서는 대통령 암살이 네 차례나 있었고 암살 미수 사례까지 포함하면 훨씬 더 많다. 이중에서 20세기 이후 발생한 경우만 보더라도 윌리엄 매킨리(William McKinley, 1901년)와 존 F. 케네디(John F. Kennedy, 1963년) 전 대통령이 암살되었으며, 시어도어 루스벨트(Theodore Roosevelt, 1912년), 프랭클린 D. 루스벨트(Franklin D. Roosevelt, 1933년), 해리 S. 트루먼(Harry S. Truman, 1950년), 제럴드 포드(Gerald Ford, 1975년 두 차례), 로널드 레이건(Ronald Reagan, 1981년) 전 대통령이 암살 시도에서 생존했다. 대통령 후보 중에서도 로버트 F. 케네디(Robert F. Kennedy, 1968년) 상원의원이 피격을 당해 사망했으며, 조지 월리스(George Wallace, 1972년), 도널드 트럼프(Donald Trump, 2024년) 후보가 피격을 당했으나 생존하는 등 미국은 역사적으로 볼 때 대통령과 주요 대통령 후보들이 암살 위험에 노출된 사례가 매우 많았다.

미국만큼은 아니지만 한국에서도 대통령이나 주요 대통령 후보에 대한 정치적 테러가 적지 않게 발생했다. 1968년 박정희 전 대통령이 북한 특수부대원 김신조의 습격으로부터 생존했으나 1979년 중앙정보부장 김재규에 의해 암살당했다. 박정희 전 대통령에게 정치적으로 매우 큰 위협이 되었던 김대중 당시 야당 지도자는 1973년 일본에서 납치되어 한국으로 강제 연행된 바 있으며 박근혜 한나라당 대표가 2006년 칼로 피습을 당했다. 2017년에는 문재인 당시 대통령 후보가 대선 유세 중에 공격을 당했고 최근에는 이재명 더불어민주당 대표가 2024년 연설 중에 흉기 피습을 당했다. 이처럼 비록 대통령이나 대통령 유력 후보가 무력에 의한 정치적 테러로 목숨까지 잃은 경우는 매우 드물지만 대통령이나 혹은 잠재적인 대통령 후보인 유력한 정치인을 대상으로 한 정치적 테러는 한국에서도 결코 드물지 않게 발생했다. 미국은 합법적인 총기 사용 국가여서 정치인 테러에 주로 총기가 많이 사용되었지만 총기 사용이 허용되지 않는 한국에서도 다양한 수단으로 정치적 테러가 일어났다는 점을 고려한다면 미국의 빈번한 정치적 테러가 꼭 총기 사용 허가 제도 때문이라고 보기는 어렵다.

한편 대표적인 의원내각제 국가인 영국이나 독일에서도 주요 정치인에 대한 테러가 발생해왔지만 미국과 비교하면 비교적 드물게 발생하는 편이다. 영국에서 총리나 야당 대표가 피습당해 목숨을 잃은 사례는 1812년 스펜서 퍼시벌(Spencer Perceval) 전 총리의 암살 사건이 유일하며 20세기 이후에는 전혀 없다. 다만 총리에 대한 테러나 테러 미수 사건은 몇 차례 발생했는데 1984년 마거릿 대처 총리 시절과 1991년 존 메이저(John Major) 총리 시절의 테러는 영국과 적대적인 관계에 있던 아일랜드 공화군(IRA)의 공격에 의한 것이었다. 이 외에 2017년 당시 외무장관이던 보리스 존슨(Boris Johnson) 전 총리를 이슬람 극단주의 조직이 암살하려는 계획을 세웠으나 사전에 적발되었다. 이처럼 20세기 이후 영국에서는 정치적 테러가 미국처럼 자주 발생하지 않았으며 발생한 경우들도 주로 영국 내부 정치세력 간의 대립 때문이라기보다는 영국 정부와 적대적인 관계에 있는 외부 세력에 의한 것이었다.

독일에서도 바이마르공화국 외무장관 발터 라테나우(Walther Rathenau)가 1922년 극우단체의 총격으로 현장에서 사망한 사례가 있었지만 제2차 세계대전 종전 이후의 독일연방공화국에서는 정치적 테러에 의한 총리, 대통령, 혹은 주요 정당 대표의 암살은 없었다. 다만 1952년 콘라트 아데나워 전 총리에 대한 극우 세력의 폭탄 테러 시도가 있었으나 실패했고 1990년 5월 리하르트 폰 바이츠제커 전 대통령과 1990년 10월 볼프강 쇼이블레(Wolfgang Schäuble) 전 내무장관에 대한 정치적 폭력 시도가 있었으나 모두 정신 질환에 의한 개인적인 차원의 공격으로 밝혀졌다. 이처럼 제2차 세계대전 종전 이후의 독일(통일 독일 포함)에서 주요 정치인에 대한 정치적 테러 혹은 폭력은 미국처럼 자주 발생하지 않았으며 발생한 경우도 내부 정치세력 간의 대립에서 기인한 경우는 드물다.

결국 영국과 독일의 경우, 특히 최근에 와서 더욱더, 미국, 한국 등에 비해 주요 정치인을 대상으로 한 정치적 테러 혹은 폭력이 드물게 발생하는 편이며 그것도 국내 정치세력 간의 대립과는 직접 관련이 없는 경우가 많다. 이렇게 본다면 대표적인 의원내각제 국가인 독일과 영국은 대통령제의 미국, 한국 등에 비해 정치적 테러 혹은 폭력의 발생이라는 점에서 정치적 안정성이 훨씬 높은 국가들임을 알 수 있다.

### 3) 국외자의 당선에 의한 정치적 혼란

앞에서 대통령제의 중요한 특징 가운데 하나로 국외자의 당선 가능성을 언급하면서 이에 대해 설명한 바 있다. 정당정치 중심의 의원내각제와 달리 선거에서 후보자 개인의 특성이 훨씬 더 부각되는 대통령제에서는 선거를 앞두고 정치적 경험이 없거나 부족한 유명 인사가 급부상하여 당선에까지 이를 가능성이 적지 않다. 실제로 미국에서 기업인 도널드 트럼프가 방송을 통한 인지도와 재력을 바탕으로 2016년 공화당 대통령 후보로 급부상한 후 민주당의 힐러리 클린턴을 누르고 대통령으로 당선되었으며, 최근 한국에서도 검찰총장 출신 윤석열이 신선한 이미지를 바탕으로 급부상하여 2021년 국민의힘 대통령 후보로 선출된 후 2022년 더불어민주당 이재명 후보를 꺾고 대통령으로 당선된 바 있다. 문제는 정치적 경험이 부족한 상태에서 급부상하여 당선된 대통령에게는 국정 운영 전 분야에 걸쳐 국가 최고 지도자로서 요구되는 정확한 정보, 식견, 판단력, 대처 능력, 지원 인력 등 여러 면에서 큰 어려움이 있으며 이를 습득해가는 과정에 시간이 걸릴 뿐 아니라 크고 작은 실수를 많이 저지를 수밖에 없다는 점이다.

즉 막강한 권한과 책임이 주어진 대통령직을 정치적 경험이 부족한 국외자가 갑작스레 맡게 되어 적어도 일정 기간 동안 정치적으로 비전문가적인 국정 운영을 하게 되면 정치적 혼란과 불안정이 야기될 수밖에 없다. 트럼프 대통령은 제1기 재임 기간 동안 여러 가지 돌출적인 발언과 정책으로 큰 혼란을 불러일으키곤 했는데, 특히 코로나 팬데믹을 맞아 이를 극복하는 과정에서 발언과 정책의 실수를 반복하곤 했다. 윤석열 전 대통령 역시 역사 인식, 남북관계, 외교관계, 여성정책, 환경정책, 노동정책 등 여러 분야에서 정확한 식견 부족과 발언 실수를 반복해서 드러냈을 뿐 아니라 전문가 대신에 좁은 학연, 검찰 인력, 무속인 등에 지나치게 의존하는 등 지원 인력의 한계를 드러내다가 12.3 비상계엄이라는 치명적인 잘못까지 저지름으로써 임기 도중에 물러나게 되었다. 이 과정에서 한국은 정치적으로 엄청난 혼란과 갈등을 겪게 되었는데 문제는 대통령제가 유지되는 한 이러한 정치적 혼란과 불안정이 형태만 달리하면서 언제나 반복될 수 있다는 점이다.

그런데 대통령제에서의 이런 국외자의 등장은 대통령에게만 한정되는 것이 아니다. 대통령제에서는 가장 중요한 직책인 대통령과는 비교할 수 없지만 대통령이 지명하는 내각의 각료 역시 거의 온전히 대통령의 뜻에 따라 지명된다는 점에서 직무 적합도가 현저히 떨어지는 국외자적인 사람이 내각의 각료가 될 수도 있는 것이다. 대통령은 각료를 해당 분야의 전문가 중에서 지명할 수도 있지만 대통령 선거에 크게 기여한 인물 중에서 보은 차원에서 지명하는 경우도 많은데, 내각의 각료 임명 과정에서는 청문회와 의회 동의가 요구되기도 하지만 대통령제에서의 각료 임명은 기본적으로 대통령 권한에 속하고 대통령의 최종 판단이 무엇보다 중요하기 때문이다. 결국 이런 과정을 거쳐 임명되는 내각의 각료 가운데는 직무에 대한 식견과 능력의 부족으로 일정 기간 정책적 혼란을 야기하거나 아니면 전문 관료들에게 휘둘리는 무책임한 행태를 노출하기도 한다.

대통령제의 이런 특징은 의원내각제와 크게 비교된다. 의원내각제 국가의 총리는 아무리 젊더라도 소속 정당에서의 활동을 통해 정치적 능력이 충분히 검증됨으로써 당대표에까지 이른 인물이다. 정당정치를 바탕으로 삼는 의원내각제에서는 정당정치의 경험이 전혀 없거나 부족한 인물이 총리로 선출될 가능성은 거의 없다. 이들 가운데는 총리가 되기 전에 이미 내각에서 여러 장관직을 거치면서 내각의 경험을 쌓은 경우도 많다. 또한 대통령제의 각료들은 기본적으로 의회 의원 출신이 아닌 경우가 대부분이어서 각료를 그만 두면 행정부에서 다른 직책을 맡거나 아니면 정부를 공식적으로 떠나는 경우가 많다. 하지만 의원내각제에서의 각료는 기본적으로 의회 의원인 경우가 많아서 각료를 그만두더라도 여전히 의원으로서 관련 분야의 정책에 관여할 수 있으며 이후에 다시 내각에 들어가서 각료의 직책을 맡는 경우도 흔하다. 결국 의원내각제에서는 의원들이 오랜 정당 활동과 정책 관련 활동을 통해 정치적인 능력과 전문성을 쌓은 뒤 이를 바탕으로 총리나 기타 각료의 직책을 수행하는 경우가 많다는 점에서 대통령제에서의 국외자 출현 위험성과 크게 대조된다(린쯔, 1995: 99; 강원택, 2022: 104-111).

내가 다른 글에서 소개한 바 있는 내용이지만, 의원내각제 각료의 전문성이 얼마나 중요한 역할을 하는지를 보여주는 좋은 사례를 간략히 소개하고자 한다. 앞에서 나는 독일 총리들의 오랜 재임 기간에 대해 소개한 바 있다. 그러면서 헬무트 콜과 앙겔라 메르켈 전 총리가 각각 16년이라는 장기간을 집권했다고도 언급했다. 그런데 독일에서는 총리만 장기간 재임한 것이 아니다. 자유민주당(FDP) 소속 정치인 한스-디트리히 겐셔(Hans-Dietrich Genscher)는 23년 동안 독일 연방정부에서 내무장관과 외무장관으로 재직했으며, 기독교민주연합 소속 정치인 볼프강 쇼이블레는 약 20년 동안 특임장관, 내무장관, 재무장관으로, 기독교사회연합 소속 정치인 프란츠 요제프 슈트라우스(Franz Josef Strauß)는 12년 동안 특임장관, 원자력장관, 국방장관, 재무장관으로, 그리고 독일사회민주당 소속 정치인 오토 쉴리(Otto Schily)는 7년 동안 내무장관으로 각각 연방정부에 참여했다.

이들 가운데 특히 흥미로운 인물은 겐셔와 쇼이블레다. 겐셔는 자유민주당 소속으로 독일사회민주당과의 연립정부에서 내무장관으로 참여한 이후 독일사회민주당과의 연립정부나 기독교민주연합과의 연립정부에서 18년 동안 외무장관을 계속 맡았다. 1974년부터 이어진 그의 외무장관 재임 중에 갑작스레 찾아온 독일통일의 기회를 그가 주변 강대국과의 외교무대에서 현실화시키는 데에는 그의 오랜 외무장관 경력이 더없이 유용한 자산으로 활용되었다. 사실상 이때까지만 하더라도 전범국인 독일의 통일은 주변 강대국이 결단코 원하지 않기 때문에 실현될 가능성이 거의 없다는 것이 독일 안팎에서 널리 공유되어 있던 판단이었다. 그런데 이러한 비관적인 전망에도 불구하고 미국, 소련, 영국, 프랑스 등 주변 강대국에 대한 적절한 외교정책을 동원하여 통일이 가능하도록 만든 것은 당시의 총리 콜, 외무장관

겐셔 등의 외교정책의 승리였음을 누구도 부인할 수 없을 것이다. 한편 독일 내부적으로는 쇼이블레가 5년 간의 특임장관 후 내무장관으로서 독일통일 과정을 맞아 동독과의 통일 조약 협상을 주도하는 등 콜, 겐셔 등과 함께 독일통일 과정에서 핵심적인 역할을 수행했다. 이와 같이 독일에서는 각료들, 즉 총리와 장관이 비교적 오랫동안 안정적으로 내각에 참여하면서 쌓은 전문성을 바탕으로 냉전 시대의 긴장 완화, 독일통일, 유럽 통합, 기후 위기 대응 등 현대사의 커다란 역사적인 도전들에 대해 비교적 일관된 정책을 통해 효과적으로 대처할 수 있었다.

## 3. 의원내각제가 대통령제보다 정치적인 안정을 더 가져올 수 있는 이유는?

의원내각제가 정치적 안정에 더욱 유리한 이유는 우선 방금 살펴본 바와 같이 정치적 불안정을 야기하는 대통령제의 몇몇 특징과 반대되는 의원내각제의 특징에서 찾을 수 있다. 먼저 대통령제는 행정부와 입법부가 분리되어 있어서 행정부 권력과 입법부 권력이 불일치하는 경우에는 분점정부 혹은 여소야대 상황으로 인해 정치적 혼란이 발생할 수 있다. 하지만 이와 달리 의원내각제는 행정부와 입법부의 일치를 특징으로 하기 때문에 행정부 권력과 입법부 권력의 충돌로 인한 정치적 혼란이 발생하지 않는다. 오히려 행정부와 입법부는 서로 적극 지원하고 협력하는 상호 의존 관계를 통해 정치적 안정을 도모한다. 게다가 의원내각제에서는 이처럼 내각이 의회의 적극적인 지원을 바탕으로 운영되기 때문에 내각수반인 총리는 대통령제의 대통령에 못지않게 강력한 리더십을 행사할 수 있는데, 특히 영국처럼 연립정부가 아닌 단독정부의 총리는 더욱 강력한 리더십을 행사할 수 있다(강원택, 2022: 160-164).

한편 대통령제의 분점정부에 대한 해결 방안으로 의원내각제 대신에 대통령 권력과 총리 권력이 분리된 이원정부제를 제시하기도 한다. 하지만 이원정부제에서는 대통령 권력과 의회 권력이 불일치하여 대통령이 소속된 여당과 다른 노선의 의회 다수당이 지지하는 총리가 대통령과 함께 정부를 구성하는 동거정부(cohabitation)가 출현하여 정치적 혼란과 대통령직 수행의 어려움을 야기할 수도 있다. 그러므로 대통령제에서 발생하는 분점정부의 해결책으로 의원내각제 대신에 이원정부제를 제시하는 것은 결코 적절한 방안이라고 말할 수 없다.

다음으로 의원내각제는 대통령제와 비교할 때 인물 중심의 정치보다는 정책 중심, 이념 중심, 정당 중심의 정치를 훨씬 뚜렷한 기반으로 삼는다. 그렇기 때문에 의원내각제에서는 주요 정치인에 대한 정치적 테러나 폭력의 위험성이 대통령제에 비해 훨씬 적은 반면에 정책과 이념을 둘러싼 논쟁과 갈등은 훨씬 더 치열하게 전개되기 쉽다. 유력 정치인에 대한 선호와 이를 둘러싼 경쟁, 갈등과 비교할 때 정당의 정책과 이념을 둘러싼 논쟁과 갈등이 더 나은 해결책에 대한 합리적인 모색으로 이어질 가능성이 훨씬 크며 이런 점에서 정치적 안정에 기여하기도 쉽다.

또한 대통령제에서는 국외자의 출현으로 정치적 혼란이 발생할 위험이 큰 데 비해, 의원내각제에서는 정당 활동 경험과 정책적 전문성을 쌓은 지도자들이 내각의 각료로 참여하는 경향이 있다. 그리고 대통령 임기가 제한된 대통령제와 달리 의원내각제에서는 총리나 장관이 업무 능력을 유권자로부터 인정받는 경우 오랫동안 각료로 재임하면서 전문성을 강화하여 국정을 훨씬 안정적으로 운영할 수 있다.

이와 함께 대통령제 정부에 비해 의원내각제 정부는 유권자들의 민심이나 이를 적극 대변하려는 의회에 대해 훨씬 더 민감하게 그리고 적극적으로 반응하는 높은 수준의 반응성을 보이는 경향이 있다. 앞에서도 살펴보았듯이 그 배경은 대통령제의 대통령 임기는 고정되어 있을 뿐 아니라 중임 횟수도 제한되어 있어서 유권자의 평가에 진지하게 귀를 기울일 기회가 적기 때문이다. 게다가 정부의 각료들은 임명권자인 대통령에게 더욱 책임을 지는 입장에 있기 때문이다. 이에 비해 의원내각제에서는 의회가 내각에 대한 불신임권을 갖고 있기 때문에 내각은 언제나 의회의 신임을 유지하기 위해 노력해야만 한다. 그리고 의회가 내각에 대한 불신임권을 갖는 반면 정부수반 혹은 국가수반은 의회해산권을 갖고 있어서 조기 선거의 가능성도 있다. 비록 요즈음은 여론조사를 통해 정부가 언제나 민심의 추이를 파악할 수 있지만 여론조사의 결과와 선거의 결과는 법적인 차원에서 전혀 다른 성격의 것이다. 따라서 총선이나 신임투표의 가능성이 대통령제에 비해 훨씬 더 열려 있는 의원내각제가 민심이나 이를 적극 대변하는 의회의 목소리에 더욱 민감할 뿐 아니라 여기에 더욱 적극적으로 반응하게 되는데, 이것은 의원내각제가 대통령제에 비해 정치적인 불안정을 해소하는 데 훨씬 유리한 배경이 된다(강원택, 2022: 161).

아렌드 레이프하트(Arend Lijphart)는 민주주의를 작동 방식에 따라 다수제 민주주의(majoritarian democracy)와 합의제 민주주의(consensus democracy)의 두 모델로 구분한 바 있다(레이프하트, 2017: 31 이하; 레이파트, 1995: 196 이하). 이 두 모델은 각각의 장단점을 갖고 있지만 다수제 민주주의에서는 소수 의견이 배제되기 쉬워 사회갈등이 초래될 수 있다. 그리고 다수와 소수 간에 그리고 양대 정당 간에 대립이 심해짐으로써 정치적 양극화가 초래되고 협력보다 갈등이 만연하기 쉽다. 정권 교체기에는 이전 정부의 정책이 급격히 바뀌기 쉬워 정권 교체기마다 기존 정책의 폐기나 급격한 변화로 정책의 불안정성과 혼란이 야기되기도 한다. 이에 비해 합의제 민주주의에서는 연립정부가 구성되어 정권이 바뀌더라도 정책 변화가 점진적으로 이뤄질 수 있다. 그리고 소수자를 포함해 다양한 이해관계를 가진 집단이 정책 결정 과정에 참여함으로써 사회적 배제를 최소화하고 광범위한 합의 도출을 추구할 수 있다. 그 결과 극단적인 정치적 갈등을 줄이고 다양한 집단 간의 타협과 협력을 통해 사회적 통합을 이룩하는 데 효과적이다.

그런데 레이프하트의 다수제 민주주의는 미국 같은 대통령제 국가나 영국 같은 양당제 의원내각제 국가에서 쉽게 발견되는 모델이며, 합의제 민주주의는 독일 같은 다당제 의원내각제 국가에서 쉽게 발견되는 모델이다. 이렇게 본다면 특히 다당제에 입각한 의원내각제는 합의제 민주주의 모델 덕분에 다수제 민주주의 모델이 작동하는 대통령제에 비해 정치적·사회적 갈등을 줄이고 정치적 안정과 사회적 통합을 가져오는 데 훨씬 유리하다는 것을 알 수 있다.

끝으로 의원내각제 국가에는 국가수반의 역할을 하는 대통령이나 군주가 존재한다. 이들은 실질적인 권력을 갖고 있지는 않지만 국가를 대표하는 상징적인 역할을 하는 존재다. 대외적으로는 공식적인 국가수반으로서 국가를 대표한다. 하지만 대내적으로는 정부수반인 총리가 소속 정당의 입장을 대변하는 현실 정치인인 데 반해, 대통령이나 군주는 설혹 개인적으로 특정한 정당에 속해 있다고 하더라도 초당적인 입장에서 국가를 대표하고 통합하는 위치에 있다. 그러므로 의원내각제의 대통령은 총리와 달리 특정한 정당에 속하지 않든지 혹은 속하더라도 다른 정당에서 거부감이 적은 인물 가운데서 폭넓은 지지를 받아 선출된다. 그렇기 때문에 국가수반인 대통령이나 군주는 대내적으로 특정한 정당에 치우치는 발언이나 활동 대신에 국가 전체를 아우르면서 사회통합과 미래지향적인 발언이나 활동을 할 것으로 기대된다. 대통령제에서는 대통령이 정부수반이자 국가수반이라는 두 가지 역할을 동시에 해야 하는 위치에 있지만 대통령은 특정한 정당에 속한 현실 정치인으로서 국가 전체를 아우르는 사회통합 역할을 행하는 데에는 분명한 한계가 있다. 이와 비교한다면 현실 정치적 이해관계에서 벗어나 분명한 사회통합 역할을 할 수 있는 국가수반이 의원내각제에 존재한다는 점에서도 의원내각제가 대통령제에 비해 정치적 안정과 사회적 통합에 훨씬 유리하다고 말할 수 있다.

# 8장
# 정치인, 정당, 국회는 믿을 수 없으니 최고 권력자를 국민의 손으로 직접 뽑아야 한다?

## 1. 정치인, 정당, 국회는 믿을 수 없다?

### 1) 의회, 정부, 정치인에 대한 신뢰도: 한국과 경제협력개발기구 회원국

의원내각제는 결국 의회 다수석을 점하는 정당 소속 의원들을 중심으로 정부가 구성되고 이를 통해 통치가 이뤄지는 제도다. 그렇기 때문에 대통령제와 비교하면 의원내각제에서는 정당, 의회 의원으로 대표되는 정치인과 의회가 정부의 구성과 유지 그리고 권력 구조에서 훨씬 더 중요한 역할을 한다. 그런데 한국의 유권자들은 정치인, 정당 그리고 국회에 대한 신뢰도가 낮은 편이다. 그러다 보니 일반 유권자들이 정치인, 정당, 국회를 통해 최고 권력자를 선출하고 정치인들에게 국정을 맡기는 것을 썩 내키지 않아 하여 최고 권력자를 직접 선출하는 대통령제를 포기하지 않으려 한다. 의원내각제가 비록 좋은 제도이긴 하지만 한국에서는 정치인, 정당, 국회의 수준이 좀더 향상된 후에라야 이들에 대한 유권자들의 신뢰수준이 향상될 것이므로 의원내각제로의 전환도 그때 가서 적극 검토해볼 수 있을 것이라고 말하기도 한다.

실제로 국회와 정치인에 대한 한국인의 낮은 신뢰수준은 각종 조사에서 확인된다. 성균관대학교 서베이리서치센터에서 오래전부터 실시해온 한국종합사회조사(KGSS) 결과에 의하면 정치인의 말을 믿는 것은 바보 같은 일이라고 생각하는 응답자가 2018년 기준으로 82.0%인 데 비해 그렇지 않다고 생각하는 응답자는 14.1%에 불과하다. 또한 이들 응답자는 정치인들이 나라 걱정보다는 자신의 이익을 위해 행동한다는 주장에도 83.3%가 동의한 반면에 이 주장에 동의하지 않는 응답자는 6.7%에 불과하다. 한편 응답자들은 2014년 기준으로 일반인에 대해 신뢰할 수 있다는 응답자가 39.8%인 데 비해 신뢰할 수 없다는 응답자는 19.7%로 나왔다. 그리고 한국 사회를 믿을 수 있는 사회라고 응답한 사람이 2023년 기준으로 72.9%인 데 비해 믿을 수 없는 사회라고 응답한 사람이 9.5%로 나왔다. 이들 응답 결과를 함께 살펴보면 비록 조사 연도에서 약간의 차이는 있지만 한국 사회와 일반인에 대해서는 신뢰의 태도가 불신의 태도보다 훨씬 강한 데 비해 정치인들에 대해서는 압도적인 다수 응답자가 불신의 태도를 드러낸 것을 알 수 있다.

한국종합사회조사는 국회에 대한 응답자의 신뢰 태도에 대해서도 조사했는데, 2021년 기준으로 국회를 신뢰한다는 응답자가 20.0%

인 데 반해 신뢰하지 않는다는 응답자가 60.9%였다. 국회 지도층에 대해서는 2023년 기준으로 5%만이 매우 신뢰한다고 응답한 반면에 63.8%는 거의 신뢰하지 않는다고 응답했다. 한편 2023년 기준으로 중앙정부 부처 지도층에 대해서는 10.5%가 매우 신뢰하는 반면에 32.5%가 거의 신뢰하지 않는다고 응답했고 청와대 지도층에 대해서는 8.9%가 매우 신뢰하는 반면에 41.3%가 거의 신뢰하지 않는다고 응답했다. 대법원 지도층에 대해서는 13.7%가 매우 신뢰하는 반면에 31.5%가 거의 신뢰하지 않는다고 응답했고 2021년 기준으로 기업 및 산업계에 대해서는 응답자의 58.4%가 신뢰하는 태도를 그리고 17.5%가 불신하는 태도를 나타냈다. 이들 결과를 함께 보면 기업 및 산업계에 대해서는 응답자들이 불신의 태도보다는 신뢰의 태도를 훨씬 강하게 드러냈지만 나머지 국회, 청와대 지도층, 중앙정부 부처 지도층 그리고 대법원에 대해서는 그 반대로 신뢰의 태도보다 불신의 태도를 더 많이 드러냈다. 이들 가운데서도 국회, 특히 국회 지도층에 대한 신뢰도가 가장 낮았고 이어서 청와대 지도층, 중앙정부 부처 지도층 그리고 대법원 지도층의 순서로 신뢰도가 낮았다. 즉 민간기업에 대한 신뢰는 높은 편이지만 국가기관의 지도층에 대해서는 오히려 불신의 태도가 더욱 강한데 입법부, 행정부, 사법부 중에서는 특히 입법부 지도층에 대한 불신이 가장 강한 것으로 나타났다(김지범 외, 2024: 160-166, 199-200).

경제협력개발기구에서 발간한 사회지표 『한눈에 보는 사회(Society at a Glance) 2024』에는 회원국 가운데 21개국을 대상으로 2021년과 2022년 사이에 행정부, 사법부 그리고 입법부에 대한 신뢰도를 조사한 결과가 담겨있는데 〈표 4〉는 그 내용을 그래프로 보여준다(OECD, 2024: 113). 이 결과에서도 한국인 응답자는 중앙정부, 사법부 입법부에 대해 각각 48.8%, 49.06%, 37.29%가 비교적 신뢰하는 것으로 나타나서 입법부에 대한 신뢰도가 행정부나 사법부에 비해 특별히 낮다는 것을 알 수 있다. 한국인의 이러한 신뢰수준을 경제협력개발기구의 조사 대상국 평균과 비교하면 중앙정부에 대한 신뢰도는 평균보다 높은 데 비해 입법부와 사법부에 대한 신뢰도는 이들 국가의 신뢰도 평균치보다 낮다. 즉 입법부에 대한 한국인의 신뢰도는 국가의 다른 기관에 비해 낮을 뿐 아니라 경제협력개발기구 회원국의 입법부에 대한 신뢰도 평균치보다도 낮다는 것이다.

그런데 여기서 흥미로운 점은 조사 대상국 가운데 대통령제 국가는 한국과 콜롬비아 두 나라뿐이며 이원정부제 국가는 프랑스와 포르투갈 두 나라인데, 콜롬비아는 입법부, 사법부, 중앙정부 모두에 대한 신뢰도가 조사 대상국 가운데 가장 낮고 프랑스도 입법부와 중앙정부에 대한 신뢰도가 조사 대상국 평균보다 낮게 나왔다는 점이다. 실질적으로 의원내각제에 가깝게 운영되는 약한 이원정부제 국가인 포르투갈은 입법부와 중앙정부에 대한 신뢰도가 모두 조사 대상국 평균에 가장 가깝게 나왔다. 입법부, 즉 의회에 대한 신뢰도만 보면 조사 대상 21개국 가운데 노르웨이, 핀란드, 덴마크 등 의원내각제 11개국과 포르투갈이 평균 이상의 상위권에 속한 반면에 나머지 이원정부제 국가와 대통령제 국가는 모두 평균 이하의 하위권에 속해 있

**〈표 4〉 경제협력개발기구 회원국 국민의 행정부·사법부·입법부에 대한 신뢰도**

(2021-2022년 기준)

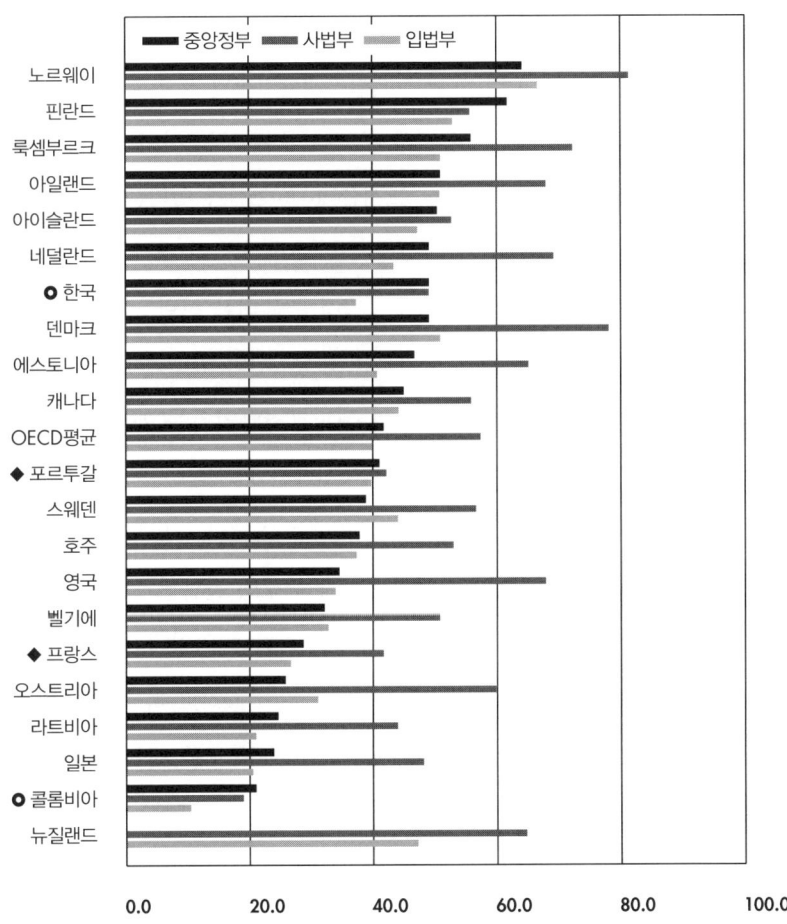

○=대통령제 국가, ◆=이원정부제 국가
※ 이 외에는 모두 의원내각제 국가

다. 즉 경제협력개발기구 회원국을 대상으로 본다면 의회에 대한 국민들의 신뢰는 이원정부제 국가와 대통령제 국가에서보다는 의원내각제 국가에서 훨씬 높다는 것을 알 수 있다.

미국, 멕시코, 칠레, 터키 등 경제협력개발기구의 모든 대통령제 회원국이 포함된 신뢰도 조사 결과로는 『한눈에 보는 사회 2019』에 수록된 중앙정부에 대한 신뢰도 조사(2016-2017년)가 있다(OECD, 2019: 125). ⟨표 5⟩는 이 조사 결과를 그래프로 보여준다. 이 조사 결과에 따르면 전체 회원국 38개국 가운데 중앙정부에 대한 신뢰도가 높은 상위 19개국에 속한 대통령제 국가로는 공동 7위인 튀르키예가 유일하며 나머지 대통령제 국가들, 즉 미국과 코스타리카는 25위, 한국은 29위, 멕시코는 33위, 콜롬비아는 35위, 칠레는 36위로 6개국 모두가 하위 14위권에 속해 있다. 게다가 튀르키예는 2017년 국민투표를 통해 2018년 공식적으로 의원내각제에서 대통령제로 전환된 국가이기 때문에 이 조사가 이뤄진 시기를 기준으로 본다면 의원내각제 국가였다. 참고로 이원정부제 6개국은 상위권, 중위권 그리고 하위권에 골고루 포진해 있다. 결국 경제협력개발기구에 속한 모든 대통령제 국가의 중앙정부에 대한 국민의 신뢰도는 하위권에 속해 있는 데 반해 상위권에는 대부분 의원내각제 국가가 속해 있다는 점에서, 의회뿐만 아니라 중앙정부에 대한 국민들의 신뢰도 역시 대통령제보다는 의원내각제 국가에서 훨씬 높다는 것을 알 수 있다.

### ⟨표 5⟩ 경제협력개발기구 회원국 국민의 중앙정부에 대한 신뢰도

(2016-2017년 기준)

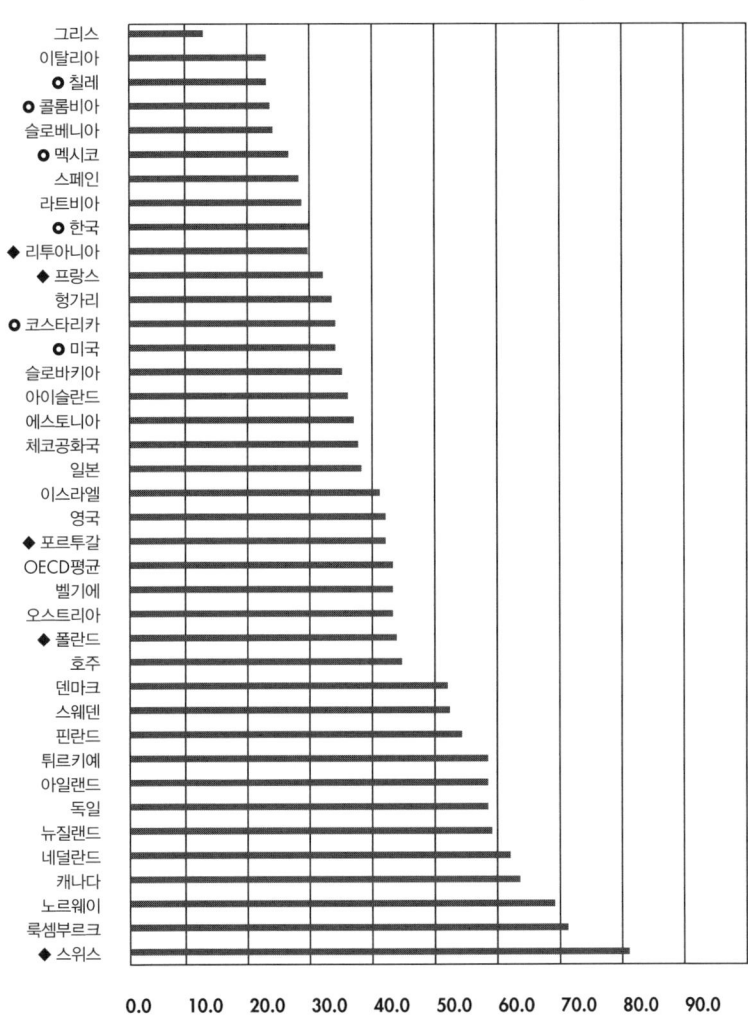

○=대통령제 국가, ◆=이원정부제 국가

※ 이 외에는 모두 의원내각제 국가

## 2) 정치인과 의회에 대한 신뢰 회복은 의원내각제의 전제가 아니라 결과

의회와 정부에 대한 국민들의 신뢰가 대통령제보다는 의원내각제 국가에서 훨씬 높게 나온다는 것은 무엇을 의미하는가? 국민들의 높은 신뢰를 받을 만큼 선진적인 정치인, 정당, 의회제도가 이미 구비된 상태여서 이들 국가가 의원내각제 정부형태를 취할 수 있었다는 의미인가 아니면 반대로 의원내각제 정부형태를 취한 국가여서 정치인, 정당, 의회의 선진화가 이뤄질 수 있었고 그 결과로 국민들의 높은 신뢰를 받을 수 있게 되었다는 의미인가?

### (1) 의원내각제는 정치 선진화의 필요조건이자 촉매제

영국처럼 유럽의 많은 선진적인 의원내각제는 군주가 가졌던 국가권력을 의회가 쟁취해온 결과로 탄생한 경우가 많다. 그리고 유럽의 제국주의적 식민 지배를 겪은 제3세계의 신생독립국이 식민 모국의 정치체제를 계승하여 의원내각제를 채택한 경우도 많다. 물론 핀란드처럼 강력한 대통령 중심의 이원정부제에서 서서히 대통령 권한이 약화되면서 사실상의 의원내각제 국가로 변한 경우도 있다. 이와 같이 의원내각제의 탄생 배경은 다양하지만 선진적인 정당 체제나 정치 문화가 자리잡고 선진적인 의회가 등장한 후에 비로소 의원내각제가 도입된 경우는 많지 않다. 그보다는 군주의 오랜 절대권력을 폐지하려 하거나 대통령중심제의 강력한 대통령 권력을 축소시키려 하거나 대통령제의 정치 불안을 극복하려 하거나 아니면 식민지 모국의 큰 영향을 받아 신생독립국을 건설하는 과정에서 의원내각제가 도입된 경우가 대부분이다. 그리고 정치적 민주주의 수준이 높은 선진국에, 정부나 국회에 대한 국민의 신뢰수준이 높은 국가 중에 의원내각제 국가가 ― 특히 대통령제 국가에 비해 ― 압도적으로 많지만, 의원내각제 국가 중에는 민주주의 수준이 낮거나 정치적 신뢰수준이 낮은 국가도 많다. 그러므로 정치적인 선진화가 의원내각제의 전제가 아니듯 또한 의원내각제가 정치적 선진화의 보증수표도 결코 아닌 것은 분명하다.

그럼에도 불구하고 결코 간과해서는 안 될 중요한 점은 정치적 선진화, 즉 정당과 의회의 선진화와 선진적인 정치 문화 발전의 길에서는 대통령제가 매우 커다란 장애물이며 의원내각제는 소중한 촉매제 역할을 한다는 것이다. 다르게 표현한다면 의원내각제는 정치적 선진화의 충분조건은 아니지만 매우 소중한 필요조건이라는 것이다. 이와 관련하여 앞의 여러 곳에서 언급된 바 있지만 여기서는 정당(체제)의 선진화, 의회 선진화, 정치인과 정치 문화의 선진화라는 세 가지 점에 초점을 맞추어 왜 의원내각제가 이들 정치 선진화의 필요조건이자 촉매제인지 그리고 왜 대통령제는 심각한 장애물인지를 간략히 정리해서 설명하려고 한다. 이러한 설명은 결국 국민들로부터 큰 신뢰를 받는 선진적인 정치가 의원내각제의 전제라기보다는 오히려 의원내각제에서 달성 가능성이 높은 결과라는 사실을 알려줄 것이다.

(2) 선진 정치란?

그렇다면 선진 정치란 무엇인가? 근대 민주주의 정치는 정당정치에 기초해 있다. 즉 근대 민주주의 정치의 가장 중요한 기초는 선진적인 정당과 정당 체제라는 것이다. 그래서 근대 민주주의의 핵심을 곧 정당 민주주의라고 부르기도 한다. 물론 현대 정치에 와서는 근대적 정당정치의 한계 때문에 정당 바깥의 시민사회 결사체의 역할을 매우 중시하는 경향이 커졌다. 그럼에도 불구하고 정당 민주주의는 여전히 현대 민주주의의 가장 중요한 토대임을 부인할 수 없다. 이런 점에서 선진 정치의 가장 중요한 요소로 선진적인 정당과 정당 체제를 지적하는 것은 당연하다.

**선진적인 정당과 정당 체제**

그렇다면 선진적인 정당과 정당 체제란 어떤 것을 의미하는가? 첫째, 선진적인 정당은 기본적으로 자유, 평등, 연대, 정의, 평화, 환경, 차이에 대한 관용 같은 근대적인 시대정신이나 현대적인 시대정신에 부응하는 기본 가치나 정치 이념을 지향하는 것을 전제로 한다. 전제주의, 전체주의, 파시즘, 폭력주의, 반생태주의 같은 전근대적이거나 반현대적인 가치나 이념을 추구하는 정당은 결코 선진적인 정당이 될 수 없다.

둘째, 근대적인 시대정신이나 현대적인 시대정신에 부응하는 정당이라고 하더라도 인물 중심의 파벌 정당이 아니라 정치 이념이나 정책 방향의 정체성이 뚜렷하여 다른 정당과의 차이가 분명한 정당이 선진적인 정당이다. 물론 정치 이념과 정책 방향은 시대 변화에 따라 끊임없이 수정되고 보완될 수 있지만 정치 이념과 정책 방향이 단순히 일회적인 선거용 구호나 공약에 그친다면 정당의 정치 이념과 정책 방향에 대한 진정성은 의심받을 수밖에 없다. 이런 점에서 진정한 선진적인 정당들은 정치 이념과 정책 방향의 오랜 전통 위에서 늘 새로운 발전을 추구하는 경향이 있다.

셋째, 선진적인 정당은 민주적인 정당이며 개방적인 정당이다. 여기서 민주적인 정당이라는 뜻은 민주주의 이념을 추구하는 정당이라는 의미와 함께 당내 민주주의를 실현하는 정당이라는 의미다. 당내 민주주의가 실현되는 정당은 주요 의사 결정, 특히 후보자의 추천과 선정이 지도부나 영향력 있는 특정 인물의 뜻에 따라 임의적으로 이뤄지지 않고 구성원의 뜻과 민주적인 절차에 따라 이뤄지는 정당이다. 그리고 현대 민주주의에서는 시민사회가 매우 중요한 역할을 한다. 그러므로 선진적인 정당은 정당 내부의 권위주의나 정당 관료제처럼 정당의 이해관계나 조직 논리에 매몰되는 것을 지양하고 정당 바깥의 시민사회의 다양한 목소리에 늘 귀를 기울이면서 이들 목소리를 정책에 적극 반영하는 정당이다.

넷째, 선진적인 정당 체제란 현대 다원주의 사회의 다양한 목소리를 대변하는 다양한 정치세력이 개별 정당 혹은 연합 정치세력을 이루면서 의회에 진출하고 정부 구성에도 참여하는 체제다. 이것을 다당제라고 부르는데, 다당제는 다양한 여러 정치세력 가운데 주로 양대 정당 중심으로 의회에 진출하고 또한 이들이 번갈아 가면서 단독으로 정부 권력을 독점하는 양당제와 대조되는 정당 체제다. 양당 체제는 정부 구성에 안정성을 제공하지만, 사회적, 정치적 소수자의 목소리를 배제하거나 정치적 양대 진영에 편입하여 주변화하는 정당 체제다. 그리고 양당 체제에서는 정치적 양극화가 심화되어 양대 정당 간에 정치적 반목과 대립이 격렬해지는 경향이 있다. 이에 비해 다당제에서는 사회의 다양한 목소리가 정치적으로 대변될 수 있다는 큰 장점이 있다. 이뿐만 아니라 이들 다양한 정치세력 사이에서는 비록 다양한 형태의 경쟁과 갈등이 발생할 수 있지만 이들은 또한 의회 진출과 정부 구성에의 참여를 위해 끊임없이 타협점을 찾으면서 서로 협력하거나 연대하는 길을 모색하는 경향이 있다.

**선진적인 의회**

다음으로 선진적인 의회란 어떤 의회인가? 대한민국 국회에는 국회선진화법이라 불리는 국회법 조항들이 있다. 국회선진화법이라는 이름의 법률이 따로 있는 것이 아니라 국회 선진화를 위해 2012년 5월 국회법 일부 조항을 개정한 내용을 함께 묶어서 그렇게 부른다. 주요 내용은 의장의 직권상정 요건을 강화함으로써 직권상정을 제한하는 것, 안건조정위원회를 설치하는 것, 안건신속처리제도와 자동상정제도를 신설하는 것, 합법적인 의사진행방해제도를 도입하는 것, 국회 회의장 내에서의 폭력에 대한 처벌을 강화하는 것 등이다. 이들 조항을 개정한 이유는 여당과 야당이 합의에 이르지 못하는 쟁점 법안에 대해 의장이 직권상정 권한을 무리하게 행사함으로써 발생하는 폭력이나 농성 같은 극단적인 대립을 방지하기 위해서였다. 즉 다수당의 일방 처리와 이로 인한 폭력 사태를 후진적인 국회의 대표적인 양상으로 간주하여 이를 극복하려는 것이 국회선진화법의 취지였다. 우리 국회에서 그동안 폭력 사태가 빈번히 벌어진 것은 국민 모두가 잘 아는 사실이다. 그만큼 대한민국 국회가 오랫동안 보여온 다수당의 일방 독주와 이를 둘러싼 폭력 사태라는 후진적 행태에 대한 심각한 문제의식과 반성으로 인해 국회의 제도 개선이 이뤄진 것이다.

선진적인 의회란 여러 측면에서 얘기할 수 있겠지만 가장 기본적인 특징은 입법 기능을 가진 민주적인 공론의 장이라는 점이다. 그러므로 국익에 더 나은 방안을 마련하기 위한 숙의와 토론 과정을 무시한 채 다수당이 수의 폭력을 통해 법안을 일방적으로 처리하거나 이를 막기 위해 소수당이 물리적인 폭력을 행사하는 것은 민주적인 의회의 기본 속성에 배치되는 것이다. 물론 최종적으로는 어쩔 수 없이 다수결로 의사 결정이 이뤄질 수밖에 없다고 하더라도 가능한 한 다른 입장을 조율하고 타협하며 소수 세력의 목소리도 최대한 반영해서 폭넓은 합의에 이르려고 노력하는 것이 선진적인 의회의 핵심적인 특징일 것이다.

**선진적인 정치인과 정치 문화**

끝으로 정치인과 정치 문화의 선진화를 위해서는 특히 다음 세 가지 점이 중요하다. 첫째, 정치를 자신의 권력 욕구 실현이라는 사적인 이익의 관점에서 보기 이전에 정치의 공공적 성격 혹은 공익 지향성을 기본적으로 인식하고 내면화하도록 정치 지망생들을 교육하고 훈련하는 과정이 필요하다. 선진적인 정당은 이런 교육과 훈련이 이뤄지는 가장 소중한 민주주의 학교 역할을 한다. 그런데 이런 교육과 훈련의 경험이 없는 인물이 영향력 있는 정치인과의 관계를 통해 갑작스레 정치에 입문하게 되면 정치를 단순히 자신의 사적 욕구를 실현하는 수단으로만 여기게 될 위험이 크다.

둘째, 정치인의 정책 역량을 강화할 수 있는 교육 및 훈련의 장이 필요하다. 정치인은 결국 입법 활동이나 정책 집행 활동에 참여하게 되는데 이런 활동을 둘러싸고 이해관계가 다른 집단들 사이에서 대립과 갈등이 발생할 때 이를 합리적으로 조정하거나 대안을 제시하는 역할을 해야 한다. 이를 위해서는 정치인이 특별히 큰 관심을 갖는 분야나 대상에 대한 전문적인 식견이 요구된다. 특히 사회 전반에 걸쳐 전문화가 급속히 진행되는 현대사회에서 정치인들이 특정한 이해관계에 매인 전문가들에게 휘둘리지 않고 공익적인 정책 판단을 제대로 할 수 있으려면 정책 역량의 전문성을 강화하는 것이 매우 중요하다.

셋째, 선진적인 정치 문화는 정치적인 안정성, 개혁성, 포용성을 특징으로 한다. 이런 정치 문화는 민주적이며 온건한 진보와 보수의 양대 정치세력이 서로 경쟁하는 중심축을 형성하는 가운데 다양한 소수 세력의 목소리와 적극 연대하는 양상이 역동적으로 전개되는 방식으로 현실 정치에서 표현된다. 이를 위해서는 모든 정치세력이 앞에서 언급된 바 있는 자유, 평등, 연대, 정의, 평화, 환경, 관용 같은 근현대적인 시대정신을 철저히 내면화하는 것이 선결 조건이며 이 가운데서도 특히 개방적인 연대 가치가 정치 문화의 중심에 자리잡는 것이 매우 중요하다. 이와 달리 이들 시대정신에 반하는 이념이나 행태를 추구하는 극단적인 정치세력들이 정치 현실 전면에 나서 유권자들을 거짓으로 선동하거나 폭력적인 갈등을 유발하는 것은 선진적인 정치 문화와 거리가 멀다. 그리고 시대정신에 부응하는 정치세력이라 하더라도 양대 정당 체제가 견고히 자리를 잡아 소수자의 목소리를 철저히 외면하거나 억압하고, 양대 정당의 정치 양극화로 인해 정치적 대립과 갈등이 격렬해지는 정치 문화도 결코 선진적이라고는 할 수 없다. 또한 수많은 소수 정당이 난립하여 서로 대립과 갈등을 일삼으면서 소통, 타협 그리고 협력의 능력이 결여된 정치 문화도 선진적인 정치 문화일 수 없다. 왜냐하면 이런 정치 문화에서는 정부의 구성과 유지, 정책적 의사 결정 과정이 언제나 큰 난관에 부딪힐 수밖에 없기 때문이다.

(3) 정치 선진화의 길과 대통령제 극복의 필요성

그렇다면 이들 선진적인 정당(체제), 의회, 정치인과 정치 문화는 어떻게 만들어지는가? 여러 가지 다양한 방안과 역사적인 경로가 있겠지만 가장 큰 장애요인을 제거하는 것이 무엇보다 요긴하다. 그것은 바로 후진적인 정치를 재생산하는 제도와 문화를 개혁하는 것인데 문제는 이것들이 대부분 대통령제와 깊은 관련이 있다는 점이다. 그러므로 대통령제를 그대로 둔 채 이들 장애요인을 개선 혹은 극복하겠다는 것은 허상에 가까운 것이 아닌가 생각된다. 대통령제를 의원내각제로 바꾼다고 해서 비록 이들 장애요인이 저절로 사라지고 정치의 선진화가 이뤄진다고 보장할 수는 없겠지만 우리는 적어도 이를 통해 정치 선진화에 이르는 가장 중요한 계기를 마련할 수 있다.

첫째, 정당의 선진화를 위해 그동안 한국에서는 인물과 파벌 중심의 정당을 정책 중심의 정당으로 발전시키려는 많은 노력을 기울여 왔다. 크고 작은 모든 정당이 정책 개발을 위해 노력해왔고 특히 정의당 같은 진보적인 작은 정당들이 정책 경쟁력으로 다른 정당과 차별화하기 위해 정책 개발에 더욱 집중해왔다. 그리고 정당 민주화를 위해서도 많이 노력해왔다. 그 결과 정당이 몇몇 주요 지도자 중심으로 운영되면서 이들에 의해 동원된 비자발적인 당원이 대부분을 차지했던 과거와 달리 근래에 와서는 직접 당비를 내면서 정당 활동과 선거운동에도 적극 참여하는 당원들, 즉 진성당원, 기간당원, 책임당원, 권리당원 등 다양한 이름으로 불리는 자발적인 당원들의 적극적인 목소리와 능동적인 참여가 중요한 역할을 하고 있다.

또한 한국에서는 그동안 거대 양당 체제의 폐해에 대한 공감대가 널리 확산되었다. 그래서 양당 체제를 극복하고 사회적 소수 세력의 목소리를 더욱 반영하기 위해 비례대표제의 비례성을 강화하는 차원에서 준연동형 비례대표 선거제도를 도입했다. 그리고 지역구 선거 단위를 소선거구제로부터 중대선거구제로 확대하려는 논의도 많이 이뤄지고 있다. 중대선거구제 도입을 위한 논의는 특별히 소선거구제로 인한 지역 독점 구도를 타파하려는 뜻과 밀접히 관련되어 있다. 하지만 이들 선거제도의 개선을 위한 노력은 모두 소규모 정당이 의회에 보다 쉽게 진입할 수 있게 함으로써 다당제로의 발전을 꾀하려는 취지와도 깊은 관련이 있다.

그런데 그동안 이뤄진 정당 민주화를 위한 노력이나 정책 정당화를 위한 노력 그리고 양당 체제 극복을 위한 노력이 모두 뚜렷한 한계를 경험하였다. 왜냐하면 한국의 대통령제에서는 인물 중심의 정치와 후보자 공천에서 대통령 주변 세력의 영향력을 극복하기가 결코 쉽지 않기 때문이다. 게다가 양당 체제와 커다란 친화성을 갖는 대통령제에서는 설혹 다당제로의 발전을 위해 연동형 비례대표제나 순수형 비례대표제의 도입 같은 선거제도의 비례성 강화 노력이 이뤄진다고 하더라도 거대 양당이 위성정당 같은 편법을 동원하여 제도의 본래 취지를 무색하게 만드는 등 양당 체제의 공고화를 강력히 추구하는 경향이 있기 때문이다. 대표적인 사례는 정의당을 비롯한 소규모 정당들이 사활을 걸고 더불어민주당과 타협하여 제21대 국회의원 선거부터 준연동형 비례대표제를 도입했으나 여기에 반대한 자유한국당이 위성정당을 만들었고 더불어민주당이 이를 따라 함으로써 선거제도 개정의 의미를 무색하게 만든 것이다. 이뿐만 아니라 제22대 국회의원 선거에서도 양대 정당이 위성정당을 만듦으로써 이에 동참하지 않은 정의당 같은 경우는 의회에 진입조차 하지 못하는 역설적인 결과가 발생한 것이다.

둘째, 한국에서는 국회의 선진화를 위해서도 그동안 다양한 노력이 이뤄졌다. 그 대표적인 사례가 앞에서 언급한 바 있는 국회선진화법이라 불리는 국회법 조항의 개정이다. 이를 통해 국회는 다수당의 일방 처리와 이로 인한 폭력 사태를 예방하려고 하였다. 하지만 이 제도가 도입된 후 비록 물리적 폭력은 현저히 줄었지만 쟁점 법안의 처리가 지연됨으로써 식물국회라는 비난을 받게 되었다. 그런데 대통령이 속한 여당이 국회 다수당의 지위를 잃게 되어 야당이 국회의장과 주요 상임위원회 위원장을 장악하는 경우에는 야당의 입법 독주가 충분히 가능하며 이에 대해 여당과 정부는 결국 대통령의 거부권 행사로 대응할 수밖에 없다. 그 결과 국회와 정부의 극단적인 대치 상황이 이어질 수 있는데 윤석열 정부의 제22대 국회가 바로 이런 상황이었다. 윤석열 전 대통령은 이런 딜레마 상황을 비상계엄으로써 돌파하려고 하다가 정권 붕괴라는 비극적인 결말을 맞이하게 되었다. 이처럼 특정한 정당이 의회 과반 의석을 점하여 독주하는 것은 실질적인 양당제 의회에서 주로 발생하는 현상으로서 의원내각제보다는 대통령제 국가에서 더욱 일반적이다. 그리고 국회 권력과 정부 권력이 극단적으로 대치하다가 파국을 맞는 것은 대통령제에서나 가능한 일이다. 결국 의회의 일당 독주나 이로 인한 폭력 사태, 의회와 정부의 극단적인 대치 상황 등을 방지하고 의회에서 진정한 의미에서의 합의 민주주의를 실현하려면, 그리고 의회와 정부가 상호 견제와 상호 의존 사이의 균형을 유지하려면 대통령제로는 뚜렷한 한계가 있음을 알 수 있다.

셋째, 선진적인 정치인 양성과 충원을 위해서는 정치인의 공공의식과 정책 전문성을 함양하려는 노력이 무엇보다 중요하다. 그래서 이를 위해 각 정당에서는 다양한 형태의 교육 프로그램을 제공하고 있다. 정치인의 공공의식과 정책 전문성은 거대 정당, 특히 보수적인 거대 정당보다는 진보적인 성향의 소규모 정당에서 더욱 강조하는 경향이 있다. 하지만 의원내각제에서는 진보 성향의 정당이든 보수 성향의 정당이든 그리고 거대 정당이든 소규모 정당이든 공통적으로 정당의 이념적, 정책적 정체성을 매우 강조하는 데 비해 대통령제 정당들, 특히 거대 양당은 정책에 대한 관심 이상으로 인물의 경쟁력에 매우 큰 관심을 갖는 경향이 있다. 그리고 이와 관련하여 의원내각제에서는 정치인들이 현실의 권력정치에 기본적으로 큰 관심을 갖지만 그럼에도 소속 정당이 추구하는 이념이나 정책 방향의 공공적 의미를 중시하면서 그 실현을 추구하는 데에도 매우 큰 관심을 갖는다. 이에 비해 대통령제에서는 정치인들이 소속 정당의 이념 혹은 정책 지향성의 공공적 의미를 인식하면서 이 지향성에 부합하는 정책 개발과 입법 활동을 위해서도 노력하지만, 양당제와 인물 대결 정치의 특성상 선거 시기에는 정당의 이념적, 정책적 지향성의 차이가 모호해지거나 정당의 지향성이 유력한 대통령 후보 개인의 정책 지향성에 의해 언제든지 대체되기 쉽다. 미국 트럼프 대통령의 공화당 정책은 이것을 적나라하게 잘 보여준다. 따라서 이런 점들은 대통령제 국가에서 정치인들이 공공의식과 정책 전문성을 함양하는 데 큰 장애 요인으로 작용한다.

선진적인 정치 문화는 정치 지향성이 상반되는 민주적인 양대 정당이 서로 경쟁하면서 다양한 군소 정치세력과 적극 연대함으로써 정치적인 안정성, 개혁성, 포용성을 드러내는 정치 문화다. 그런데 이를 위해서는 우선 다당제가 자리를 잡은 상태에서 연립정부 구성이 쉽게 이뤄질 수 있어야 한다. 하지만 대통령제는 다당제 및 연립정부 구성과는 친화적이지 않다. 그 결과 비록 정부 구성에서는 다당제의 의원내각제 국가에 비해 어려움이 훨씬 적지만 진보적인 목소리와 특히 사회적 소수자집단의 목소리를 의회나 정부에서 적극 반영하는 데에는 훨씬 불리해서 개혁적인 그리고 특히 포용적인 정치 문화에 취약하다. 앞에서도 말했듯이 한국 정치사에서도 양대 정당이 다른 정당과 연립정부를 구성한 경우는 DJP 연합 — 김대중의 새정치국민회의와 김종필의 자유민주연합이 1997년 구성하여 약 3년 동안 유지된 것 — 이 유일할 정도로 매우 드물다. 그런데 대통령제에서는 처음으로 민주당 전통의 정당이 집권할 수 있도록 한 이 연립정부조차 사실은 의원내각제 약속을 매개 고리로 해서 성립되었으며 의원내각제 도입 약속이 실현되지 않음으로써 김대중 정부 임기 도중에 해체되었다. 결국 대통령제에서는 정치적인 안정성, 개혁성, 포용성의 정치 문화가 발전하는 데 큰 한계가 있으며, 의원내각제와 비교할 때 특히 개방적인 연대 정신이 정치 문화의 핵심 기본 가치로 자리를 잡는 데 뚜렷한 한계가 있다.

지금까지의 논의를 종합적으로 볼 때 결국 한국에서는 대통령제에서 의원내각제로의 전환이라는 정부형태의 선진화야말로 정당(체제), 의회, 정치인과 정치 문화를 선진화하는 출발점이라는 사실이 명백한 결론으로 나온다는 것을 알 수 있다. 그리고 정치의 선진화, 즉 정당, 의회, 정치인과 정치 문화의 선진화야말로 이들에 대한 신뢰 회복의 첩경이므로 결국 이들에 대한 신뢰 회복은 의원내각제 도입의 전제라기보다는 오히려 그 결과임을 여기서 분명히 알 수 있다.

## 2. 최고 권력자는 국민의 손으로 직접 뽑아야 민주주의인가?: 민주주의 선진국의 최고 권력자 선출 방식과 국민주권의 의미

대통령제에서는 대통령이 최고 권력자인 데 비해 의원내각제에서는 대통령 혹은 군주는 형식상의 최고 권력자일 뿐이며 실질적인 최고 권력자는 총리다. 물론 이원정부제에서는 대통령과 총리가 권력을 나누어 갖는다. 그렇다면 이들 최고 권력자는 누가 뽑는가? 민주주의 선진국에서는 모두 국민들이 최고 권력자를 직접 선출하는가?

먼저 대통령제 국가의 대통령 선출 방식을 살펴보려 한다. 앞에서 말했듯이 2023년 기준으로 민수수의 지수 상위 24개국을 가리키는 온전한 민주주의국가에는 14위 우루과이, 17위 코스타리카 그리고 22위 대한민국의 3개국만이 대통령제 국가들로 포함되어 있다. 미국은 29위로 결함 있는 민주주의국가로 분류되어 있다. 이들 국가 중에서 우루과이, 코스타리카 그리고 대한민국은 모두 대통령을 국민들이 직접 선출한다. 이에 비해 미국은 간접선거 방식을 채택하여 국민이 각 주의 선거인단을 선출하고 선거인단이 공식적으로 대통령을 선출하는 방식이다. 그 결과 국민 유권자의 표를 더 많이 받았으면서도 선거인단 확보에서 뒤져 낙선한 사례가 여러 번 발생했다. 최근 사례로는 2000년 선거에서 앨 고어 후보가 전국 득표에서 조지 W. 부시 후보보다 앞섰지만 선거인단 수에서 뒤져 낙선했으며 2016년 선거에서는 힐러리 클린턴 후보가 도널드 트럼프 후보보다 약 300만 표 가까이 더 얻었지만 역시 선거인단 수 확보에서 뒤져 낙선했다. 하지만 이런 미국 사례와 달리 민주주의 지수에서 비교적 앞서 있는 다른 순수한 대통령제 국가에서는 대부분 대통령을 국민이 직접 선출하는 경향이 있다.

의원내각제 국가의 총리 선출은 모두 의회에서 이뤄진다. 유일하게 예외적인 사례로 이스라엘에서는 1996-2001년 총리를 국민이 직접 선출한 적이 있었으나 정치적 혼란이 초래된다는 이유로 인해 지금은 의회 선출 방식으로 바뀌어 운영되고 있다. 즉 민주주의 수준이 가장 높은 대부분의 국가가 채택하고 있는 의원내각제에서는 실질적인 최고 권력자인 총리를 국민이 직접 선출하지 않고 의회에서 의원들이 선출한다는 것이다.

의원내각제 국가의 형식적인 국가수반인 대통령과 군주 가운데 군주는 세습되지만 대통령은 크게 두 가지 방식으로 선출된다. 『민주주의 지수 2023』(83쪽 〈표 3〉 참조)에서 상위 24개국에 해당하는 온전한 민주주의국가 그룹에는 18개의 의원내각제 국가가 속해 있다. 그 가운데 11개국은 입헌군주국가이며 아이슬란드, 핀란드, 아일랜드, 독일, 오스트리아, 그리스, 모리셔스의 7개국이 공화국이다. 이들 7개의 선진 민주주의 의원내각제 공화국에서 대통령을 선출하는 방식으로는 국민의 직접 투표로 선출하는 직선제와 의회에서 간접 선출하는 간선제가 있다. 아이슬란드, 핀란드, 아일랜드, 오스트리아의 대통령은 직선제로 선출되는 반면 독일, 그리스, 모리셔스의 대통령은 간선제로 선출된다. 독일은 대통령 선출을 위해 구성되는 연방회의에서 대통령이 선출된다. 연방회의는 연방의회 의원과 주의회에서 선출된 각 주의 대표들로 구성된다. 그리스와 모리셔스의 대통령은 의회에서 선출된다. 이렇게 보면 온전한 민주주의국가로 분류되는 18개의 선진 민주주의 의원내각제 국가에서 실질적인 최고 권력자인 총리는 모두 의회에서 선출되며 공식적인 국가수반이 국민의 직접 투표로 선출되는 경우도 4개국에 불과한 것을 알 수 있다.

이원정부제 국가에서는 대통령과 총리가 권한을 나누어 갖는데, 대통령은 주로 외교와 국방 관련 중요한 권한을 가지며 총리는 내정과 행정 업무를 주도할 권한을 갖는다. 하지만 이원정부제는 대통령제와 의원내각제가 결합된 형태이기 때문에 결합 방식에 따라 실질적으로 대통령제에 매우 가까운 형태로부터 의원내각제에 매우 가까운 형태까지 다양한 형태가 존재한다. 그러다 보니 실질적으로 의원내각제에 매우 가까운 방식으로 운영되는 국가는 의원내각제 국가로 분류되기도 하여 이런 경우는 이원정부제와 의원내각제의 구분이 모호해지기도 한다. 또한 한 국가에서 시간이 지남에 따라 결합 방식이 변하기도 한다. 즉 대통령의 비교적 강한 권한이 점차 약해져서 순수한 의원내각제로 변하기도 한다. 프랑스처럼 대통령 소속 정당이 의회 다수당이 되는지 여부에 따라 대통령제에 가까운 성격과 전형적인 이원정부제 성격 사이에서 변동이 생기기도 한다.

이원정부제 국가에서의 대통령은 프랑스와 포르투갈처럼 대부분 국민이 직접 선출한다. 흥미로운 사례는 핀란드인데, 핀란드는 러시아제국으로부터 독립한 후 제정한 1919년 헌법에서 국민 선거인단에 의해 간접 선출된 대통령에게 강한 권한이 부여된 이원정부제를 도입해 운영해왔다. 그러다가 1980년대 후반 이후 의회의 권한이 커지기 시작했으며 1991년에는 대통령 직선제 헌법개정이 이뤄졌다. 그리고 결정적으로 2000년 헌법개정을 통해 대통령의 권한을 대폭 축소하고 총리와 의회의 권한을 강화하는 방식으로 의원내각제적 요소를 강화했으며, 2012년 추가적인 헌법개정을 통해 대통령 권한을 최종적으로 축소함으로써 마침내 형식상으로는 이원정부제지만 실질적으로는 의원내각제의 정부형태로 바뀌었다. 즉 핀란드의 경우는 비록 대통령을 국민이 직접 선출하지만, 원래 대통령 권한이 강력했던 이원정부제가 지금은 총리와 의회 중심의 의원내각제로 전환된 사례다.

『민주주의 지수 2023』의 온전한 민주주의 24개국 가운데 대통령제 3개국과 입헌군주제 11개국을 제외한 나머지 10개의 의원내각제 혹은 이원정부제(혼합형) 국가 중에서 대통령을 국민이 직접 선출하는 국가는 아이슬란드, 핀란드, 아일랜드, 오스트리아, 대만, 프랑스의 6개국이다. 독일, 스위스, 그리스, 모리셔스의 4개국에서는 대통령이 의회 중심의 연방회의(독일) 혹은 의회를 통해 간접 선출된다.

이원정부제 국가의 총리 선출에는 대만, 프랑스처럼 대통령이 총리를 직접 선정하여 임명하는 방식과 포르투갈, 우크라이나처럼 의회에서 과반 의석을 구성한 다수당 대표를 대통령이 총리로 임명함으로써 실질적으로는 의회 다수파에 의해 총리가 결정되는 방식이 있다. 물론 프랑스의 경우도 총리는 의회의 신임을 유지할 수 있어야 한다. 어쨌든 앞의 방식으로 총리가 정해지는 이원정부제는 총리보다 대통령의 실질적인 권한이 강해 대통령제와 유사한 특성을 보이는 경향이 있는 데 반해 뒤의 방식으로 정해지는 이원정부제는 총리의 실질적인 권한이 상대적으로 강해 의원내각제적인 특성을 보인다. 프랑스의 경우는 동거정부의 상황과 그렇지 않은 상황에서의 대통령의 실질적인 권한에 큰 차이가 있다. 어쨌든 온전한 민주주의 24개국에서 대통령제 3개국을 제외한 나머지 21개국 가운데 18개국 총리는 의회에서 실질적으로 결정되며 대만과 동거정부 상황이 아닌 프랑스의 총리만이 실질적으로 대통령에 의해 결정된다. 스위스는 연방평의회 위원 7명의 집단지도체제로 정부를 운영하는데 이들 위원은 연방의회에서 선출된다.

이렇게 보면 결국 온전한 민주주의국가 24개국 가운데 대통령제 3개국과 의원내각제 혹은 이원정부제 6개국, 총 9개국 대통령이 국민에 의해 직접 선출되는 데 비해 의원내각제 혹은 이원정부제 4개국 대통령과 의원내각제 18개국 총리는 의회에서 정해지는 것을 알 수 있다. 이것은 오늘날 전 세계에서 민주주의 수준이 가장 높은 국가, 즉 온전한 민주주의국가로 평가받는 24개국의 국가수반 혹은 정부수반 가운데 세습군주를 제외한다면 국민의 직접선거로 선출되는 경우보다 입법부인 의회에서 선출되는 경우가 2배 이상 압도적으로 많음을 보여준다. 민주주의 수준 최상위 10개국만 보아도 국가수반 혹은 정부수반을 국민이 직접 선출하는 국가는 아이슬란드, 핀란드, 아일랜드, 대만의 4개국인 데 비해 이들을 의회에서 간접 선출하는 국가는 노르웨이, 뉴질랜드, 스웨덴, 덴마크, 스위스, 네덜란드의 6개국으로 더 많다.

　이런 사실은 국가수반이든 정부수반이든 간에 한 국가의 최고 권력자를 국민이 직접 선출하는 것만이 국민주권을 실현하는 길이라든지 아니면 민주주의 선진국으로 가는 길이라고 결코 주장할 수 없음을 잘 보여준다. 더구나 국가 최고 권력자를 국민이 직접 선출하는 대표적인 제도인 대통령제를 취하는 국가 중에 온전한 민주주의 유형에 해당하는 경우는 오직 3개국밖에 없다는 점, 가장 모범적인 대통령제 국가로 알려진 미국의 대통령 선거가 선거인단의 간접선거로 이뤄지며 그러한 미국의 민주주의 수준도 29위로 결함 있는 민주주의 유형에 해당한다는 점, 그리고 대통령제가 그동안 중남미, 아프리카, 아시아의 제3세계 국가에서 독재체제 혹은 권위주의체제를 위해 많이 악용되어왔으며 여전히 그런 위험을 크게 안고 있다는 점 등을 보면 이런 주장은 더욱더 설득력을 잃게 된다.

　국민주권의 진정한 실현은 국민들의 주권을 위협할 잠재력이 큰 제왕적 대통령의 선출에 직접 참여하는 것으로 결코 대체될 수 없다. 그것은 오히려 공동체의 이익 실현을 위한 의회 및 정부 안팎에서의 숙의, 토론, 결정, 선출 과정에 참여의 폭을 넓히고 깊이를 심화하여 결국 국가 공동체 구성원으로서의 역할을 적극적으로 수행함으로써 이뤄진다. 즉 국민주권의 진정한 실현은 국가 공동체의 모든 구성원이 국가의 정치 영역뿐 아니라 시민사회에서도 주권자로서 공동체의 이익 실현에 참여할 기회를 누리는 것을 가리키며, 이것은 진정한 정당 민주주의, 의회 민주주의, 시민참여 민주주의 등을 통해 이뤄지는 것이다.

국민주권론과 별개로 직선 대통령제의 장점을 주장하는 사람들은 앞에서 언급한 바 있는 대통령제의 인지 가능성을 강조하기도 한다. 즉 직선 대통령제의 유권자는 자신이 선택한 후보가 당선된다면 그가 집권할 것이라는 사실을 알면서 투표하는 반면에 의원내각제의 유권자는 지역구 후보를 투표할 뿐 누가 총리로 추대될지 알기 어려우며 특히 다당제에서는 어떤 형태의 연립정부가 구성될지 알지 못한 채 투표한다는 것이다. 이에 대해 린즈는 대통령제의 유권자는 의원내각제의 유권자보다 집권하게 될 인물에 대해 더 잘 모르는 것이 일반적이라고 반박한다. 대통령제에서는 정치 경력이 거의 없거나 매우 적은 국외자 후보의 출현 및 당선 가능성이 크며, 게다가 내각에 참여할 각료에 대해서는 유권자들이 거의 아무런 정보도 얻을 수 없다는 것이다. 반면에 의원내각제의 유권자는 자신이 투표하는 정당의 대표가 누구인지 그리고 어떤 정당 연합이 이뤄질지에 관한 많은 정보를 사전에 알고 투표하는 경향이 있다는 것이다(린쯔, 1995: 53 이하).

# 9장 의원내각제 개헌의 길과 방안

## 1. 의원내각제 개헌의 가능성과 걸림돌

　제6공화국 헌법으로 탄생한 1987년 체제는 비록 제5공화국의 대통령 간선제를 직선제로 바꾸는 등 큰 변화를 가져오긴 했지만 오랜 군사정권 시기를 거치면서 굳건히 자리잡은 제왕적 대통령제의 틀을 그대로 유지했다. 그 결과 극심한 정치적 갈등과 사회적 갈등, 그리고 대통령의 막강한 권력을 둘러싼 수많은 비리와 여러 대통령의 불행한 종말이 끝없이 이어지면서 제왕적 대통령제에 대한 비판적 인식이 확산되었다. 그러던 중에 박근혜 전 대통령이 탄핵되자 국민들 사이에서 제왕적 대통령제 극복을 위한 개헌의 필요성에 대한 폭넓은 공감대가 형성되었으나 이때 집권하게 된 문재인 정부는 이러한 국민의 바람을 채우지 못하고 말았다. 그런데 이어서 집권하게 된 윤석열 전 대통령이 비상계엄을 선포하고 이로 인해 또다시 탄핵됨으로써 제왕적 대통령제 극복을 위한 개헌 필요성에 대한 공감대가 더욱 확산되고 있다.

제왕적 대통령제 극복의 필요성에 대한 인식이 이처럼 널리 확산되고 있는 것은 분명히 의원내각제로의 개헌 가능성을 증대시키는 상황이다. 실제로 비상계엄의 선포와 해제가 이뤄지던 2024년 12월 3-5일에 한국갤럽이 실시한 여론조사 결과에 따르면 현행 대통령제의 개헌 방향으로 4년 중임 대통령제를 46%, 분권형대통령제를 14%, 그리고 의원내각제를 18%의 응답자가 선호하는 것으로 나타났다. 비록 응답자들이 4년 중임 대통령제를 가장 많이 선호하지만 그다음으로 선호하는 것이 의원내각제로 나타난 것이다. 한국갤럽의 2008년 조사에서 4년 중임 대통령제 선호 비율이 41%, 분권형대통령제 19%, 그리고 의원내각제 8%로 나온 것과 비교하면 의원내각제 선호 비율이 가장 크게 증가했을 뿐 아니라 분권형대통령제보다 더 선호하는 것으로 바뀌었다(한국갤럽, 2024: 20).

하지만 현행 대통령제의 개헌 방향으로 4년 중임 대통령제를 선호하는 응답자들이 여전히 가장 많다. 여기에는 주요 정치인들, 특히 대통령 선거 후보를 염두에 두는 유력 정치인들과 그 주변의 정치인들이 현행 대통령제에서 5년 단임을 4년 중임으로 바꾸는 것을 제왕적 대통령제 극복의 대안이라고 주장하는 것이 큰 영향을 끼치고 있다고 판단된다. 흥미로운 점은 현실 정치에서 떠난 여야의 많은 원로 정치인은 점점 더 의원내각제의 도입 필요성을 주장하는 경향이 있고 특히 12.3 비상계엄 선포와 대통령 탄핵 소추를 경험한 후에는 이런 경향이 매우 커졌다. 그만큼 대한민국의 대통령 게임에 여전히 주요 행위자로 참여하고 있는 현직 정치인들과 이제는 이 게임에서 벗어나 대통령 게임 자체의 심각한 문제를 관찰할 수 있는 입장에 있는 원로 정치인들 사이에 큰 차이가 있는 것이다.

어쨌든 한국에서는 군사정권 시절에 모두 군사정권 때문이라고 여겼던 대통령제의 폐해가 문민 정권 이후에도 비록 정도의 차이는 있지만 여전히 계속되면서, 이제는 대통령제, 특히 제왕적 대통령제라고도 불리는 막강한 권력의 대통령제를 극복할 필요성에 대한 공감대가 빠르게 확산되고 있다는 사실이 의원내각제의 도입 가능성을 높이는 가장 중요한 배경이 되고 있다. 물론 아직까지는 대통령제 정부형태를 선호하는 국민이 훨씬 더 많다. 그리고 대통령 게임의 주요 주자들이 주장하는 4년 중임 대통령제를 제왕적 대통령제 극복의 길이라고 믿는 국민들이 가장 많다. 하지만 5장에서 자세히 언급했듯이 4년 중임 대통령제는 제왕적 대통령제 극복의 길이라기보다는 오히려 제왕적 대통령의 권한을 연장시키는 제도일 뿐이라는 사실을 국민들이 인식하게 된다면 결국은 의원내각제를 제왕적 대통령제 극복의 대안으로 인정할 수밖에 없을 것이다. 그리고 지금도 여론조사 결과를 보면 현 제왕적 대통령제의 대안이 무엇인지 모른다거나 응답을 거절하는 비율이 2024년 12월 한국갤럽 조사에서는 22% 그리고 2008년 조사에서는 32%로 매우 높게 나왔다. 즉 4년 중임 대통령제를 선택하지 않은 응답이 2024년에는 54%로 나왔고 2008년에도 59%로 나와서 16년 전이나 지금이나 4년 중임 대통령제를 선택한 응답자보다 선택하지 않은 응답자가 훨씬 많다는 것을 알 수 있다. 이것은 의원내각제를 선호하는 비율이 현재보다 더 커질 여지가 훨씬 많다는 것을 암시한다(한국갤럽, 2024: 20).

　게다가 다양한 정치세력을 포용하면서 협력을 추구하는 선진 민주 국가형 정부형태인 의원내각제야말로 무엇보다도 대한민국의 건국 정신에 가까울 뿐 아니라 실제로 임시정부에서 오랫동안 채택해 온 권력 구조이기도 하다. 또한 해방 후 대한민국 정부를 수립할 때 이승만 당시 국회의장의 매우 강력한 반대만 아니었으면 대한민국 정부는 의원내각제로 출범했을 것이다. 자신의 뜻대로 대통령제 정부를 수립하여 초대 대통령에 취임한 이승만은 권력을 강화하고 정권 연장을 꾀하는 등 독재적인 방식으로 정부를 운영함으로써 대통령제의 심각한 문제점을 노출시켰다. 다행히 4월혁명 직후 새롭게 채택된 제2공화국 헌법에서 드디어 대통령제가 폐지되고 의원내각제가 도입됨에 따라 장면 총리 정부가 출범했으나 이 또한 5.16 쿠데타로 붕괴되었다. 그리고 군사정권에 의해 다시금 대통령제가 채택되어 오랫동안 지속되었고 군사정권이 문민 정권으로 전환된 뒤에도 이에 대한 특별한 반성이나 숙고 없이 오직 대통령 게임의 논리에 따라 지금까지 대통령제가 유지되어온 것이다. 이렇게 본다면 비록 1987년 체제의 핵심 요소인 직선 대통령제가 민주화 투쟁의 산물이긴 하지만 대한민국의 정치사에서 분명히 대통령제는 의원내각제에 비해 역사적인 정당성이 취약한 것이 사실이다.

　대통령 게임의 주요 주자들, 특히 승리의 가능성이 크거나 아니더라도 후보로서의 잠재력이 제공하는 커다란 정치적 자산을 누리는 정치인들은 앞으로도 계속 대통령제를 지키기 위해 의원내각제에 대한 편견을 전파할 것이다. 그럼에도 불구하고 제왕적 대통령제의 폐해에 대한 국민들의 누적된 경험과 한국에서 의원내각제가 갖는 보다 큰 역사적인 정당성은 앞으로 점점 더 국민들에게 대통령 게임 자체에 대한 비판적 인식과 의원내각제에 대한 열린 태도를 확산시켜 갈 것이다.

물론 대한민국의 국회, 국회의원, 정당, 정치인에 대한 일반 국민들의 불신이 매우 크다. 그래서 많은 국민은 의원내각제가 도입되면 국회, 국회의원, 정당의 정치적인 영향력이 더욱 커질 것이라는 점을 매우 우려한다. 그러면서 의원내각제는 이들 국회, 국회의원, 정당이 훨씬 선진화된 이후에야 도입되는 것이 바람직하다고 주장한다. 하지만 이 책의 앞부분에서 해명한 바 있듯이 이런 주장은 전후 관계가 뒤바뀐 잘못된 주장이다. 실제 의원내각제를 취하고 있는 대부분의 선진 민주국가에서 처음부터 선진적인 의회, 의원, 정당이 있어서 의원내각제가 도입되었다기보다는 역사적으로 의원내각제가 도입되고 발전하는 과정을 거치면서 정당, 의회, 의원이 함께 발전해온 것이 사실이기 때문이다. 그러므로 국회, 국회의원, 정당, 정치인에 대한 국민들의 매우 큰 불신을 해소하기 위해서나 보다 근본적으로 이들 국회, 국회의원, 정당, 정치인이 불신을 당하지 않도록 선진화하기 위해서도 가능한 한 조속히 대통령제가 의원내각제로 전환될 필요가 있다.

## 2. 정부형태 전환의 사례들

　대한민국은 이미 대통령제 정부형태를 의원내각제로 전환한 경험이 있다. 4.19혁명 직후 이승만 대통령이 하야하자 국회는 제헌헌법의 헌법개정 절차에 따라 의원내각제 도입을 핵심으로 하는 헌법개정을 실시했고 새 헌법에 따라 이뤄진 총선거 결과 민주당의 장면 정부가 출범했다. 그리고 대통령으로는 국회 양원합동회의 선거에서 윤보선이 당선되었다. 한편 프랑스 최초의 대통령제는 1848년 채택된 제2공화국 헌법에서 도입되어 나폴레옹 3세가 프랑스 최초의 대통령으로 선출되었다. 하지만 나폴레옹 3세는 곧 독재에 가까운 강력한 권력을 가진 대통령이 되었고 1852년에는 제2제국을 선포하며 스스로 황제에 즉위했다. 그후 1870년 나폴레옹 3세가 프로이센과의 보불전쟁에서 대패하자 공화주의자들이 제정을 폐지하고 제3공화국을 수립하면서 의원내각제를 도입하였다. 의원내각제의 제3공화국은 1940년 나치 독일의 침공으로 붕괴할 때까지 70년 동안 비교적 안정적으로 존속했다. 독일의 경우 최초의 공화국이었던 바이마르공화국의 정부형태는 강력한 권한을 지닌 대통령제와 의원내각제의 혼합형으로서 헌법적 약점과 정치적 불안정을 지녔다. 이것이 나치 정권으로 이어졌고 나치 정권은 1934년 독일제국 국가원수법을 제정하여 대통령과 총리직을 합친 매우 강력한 권한의 독재적인 대통령제를 채택하였다. 독일의 패전으로 나치 정권이 붕괴된 후 탄생한 독일연방공화국은 이러한 비극적인 독일 역사를 교훈 삼아 대통령에게는 국가수반으로서의 상징적인 역할 외에 실질적인 정치 권한은 거의 부여하지 않고 총리에게 강력한 정치적 권한을 부여하는 의원내각제로 전환한 후 지금까지 정치 안정과 민주주의 발전의 모범국가로 자리를 잡아왔다.

대한민국, 프랑스 그리고 독일에서 이루어진 의원내각제로의 전환은 강력한 대통령제의 독재화가 초래한 시민혁명 및 전쟁의 결과로 인한 정권 붕괴가 계기가 되었다. 이처럼 급격한 정치적인 격변 이후에 대통령제에 대한 비판적 반성을 바탕으로 의원내각제로의 전환이 이루어지기도 했지만, 특별한 정치적인 격변 없이 점진적으로 의회의 권한이 강화되면서 강력한 대통령 중심의 준대통령제나 대통령제로부터 의원내각제로의 전환이 이뤄진 경우도 있다. 그 대표적인 사례는 핀란드다. 앞에서 언급했듯이 핀란드에서는 대통령의 권한을 축소하고 의회와 정부의 권한을 강화하는 여러 차례의 개헌을 계속하는 방식으로 강력한 대통령중심제로부터 의회 중심의 실질적인 의원내각제로의 완전한 전환이 특별한 정치적 격변 없이 점진적으로 이뤄졌다. 그 결과 지금 핀란드는 점진적인 방식으로 의원내각제 국가로 자리를 잡은 대표적인 사례가 되었다.

물론 정부형태의 전환이 언제나 대통령제 혹은 대통령 중심의 이원정부제로부터 의원내각제로 이뤄지는 것만은 아니다. 5.16 쿠데타로 집권한 군부 세력에 의해 이루어진 한국의 정부형태 전환은 의원내각제로부터 대통령제로의 전환을 보여주는 대표적인 사례다. 또한 최근에는 의원내각제 국가 튀르키예의 레제프 타이이프 에르도안 총리가 대통령직선제 개헌을 통해 스스로 의원내각제 대통령에 당선된 후 대통령의 권력 강화를 위해 의원내각제를 대통령제로 전환시키는 개헌을 하여 지금까지 막강한 권력을 행사하며 재임하고 있다. 독일도 앞에서 본 대로 바이마르공화국의 혼합형 정부형태에서 나치 독일의 독재적인 대통령제로 전환했다. 대한민국, 튀르키예, 나치 독일의 사례는 의원내각제 혹은 이원정부제가 대통령제로 전환되는 배경에 최고 권력자의 막강한 권력 행사 욕구 혹은 독재화 욕구가 자리잡고 있을 가능성을 여실히 보여준다.

### 3. 의원내각제 개헌의 길: '핀란드의 길'을 중심으로

한국뿐 아니라 다른 많은 국가가 다양한 방식으로 정치적 체제 전환을 경험해왔다. 정치적으로 불안정하고 민주주의 지수가 낮은 국가뿐 아니라 지금은 정치적으로 매우 안정된 선진 민주주의국가 중에서도 이런 사례가 많다. 민주주의 지수와 체제 전환 방향의 상관관계를 살펴보는 것도 흥미로운 주제이겠지만 이 책의 주제인 의원내각제로의 전환에 국한하여 살펴본다면 이러한 전환이 각각의 사례에서 어떤 방식으로 어떤 과정을 거쳐 이루어졌는지도 궁금한 부분이다. 하지만 위에서 잠시 소개한 내용에 의하면 혁명, 전쟁 같은 정치적인 격변 과정을 거치면서 의원내각제로 전환하기도 하고, 이런 커다란 격변 없이 합헌적인 개헌 절차를 통해 평화로운 방식으로 전환이 이루어지기도 한다. 그래서 나는 합헌적인 개헌을 통해 평화로운 방식으로 의원내각제로의 전환이 이루어져온 핀란드의 사례를 통해 한국의 의원내각제 개헌의 길과 방안을 모색해보려고 한다.

핀란드 사례는 앞에서 여러 번 언급했지만 여기서 좀더 자세히 살펴보고자 한다. 내가 '핀란드의 길'이라고 부르는 의원내각제로의 핀란드식 전환의 핵심은 두 가지다. 하나는 전환의 방법으로서 여러 차례의 개헌을 통해 점진적으로 전환이 이루어졌다는 것이며, 다른 하나는 전환의 내용으로서 점진적으로 대통령의 권한은 약화시키고 의회와 정부의 권한은 강화시키는 개헌을 계속해왔다는 것이다.

핀란드는 1917년 러시아제국으로부터 독립한 초기에는 간접선거로 선출된 강력한 권한을 가진 대통령 중심의 준대통령제 정부형태를 취했다. 냉전 시기에는 우르호 케코넨 대통령이 25년간 장기 집권하면서 대통령의 권력을 더욱 강화했으나 1980년대 후반부터 대통령 권한을 축소하는 개헌과 대통령직선제 개헌이 이루어졌다. 그후 2000년에는 대통령의 의회해산권을 삭제하고 총리 임명권과 입법 거부권을 약화시키고 외교정책에서 대통령의 단독 결정을 어렵게 하는 등 대통령의 권한을 대폭 축소하는 개헌을 단행함으로써 핀란드는 사실상 의원내각제 국가가 된 것이다. 그후에도 2012년 외교정책 결정에서 대통령의 단독 결정이 불가능해지는 등 대통령의 역할을 더욱 축소하는 개헌을 계속함으로써 의원내각제 국가로서의 성격이 더욱 분명해졌다.

물론 핀란드의 정부형태를 형식적으로는 여전히 이원정부제라고 부르기도 한다. 형식적인 이원정부제는 대통령제 요소와 의원내각제 요소가 결합된 혼합형 정부형태를 가리키는데 대통령제 요소와 의원내각제 요소 가운데 어느 것이 얼마나 더 포함되어 있는지에 따라 매우 다양한 형태가 존재한다. 즉 형식적으로는 이원정부제이지만 실질적으로는 강력한 대통령제에 가까운 형태, 즉 대통령 중심의 이원정부제부터 전형적인 이원정부제, 약한 이원정부제, 더욱 약한 이원정부제 그리고 실질적으로 의원내각제로 불리는 형태까지 폭넓은 스펙트럼이 존재한다. 형식에서 대표적인 대통령제 요소 가운데 하나는 대통령직선제이다. 그리고 의원내각제 요소로 가장 대표적인 것은 실질적인 권한을 지니는 총리의 존재와 총리에 대한 의회의 실질적인 동의 혹은 신임의 권리다.

예를 들면 프랑스, 포르투갈, 핀란드, 아이슬란드, 아일랜드는 모두 대통령제 국가가 아니면서도 대통령이 국민의 직접선거로 선출되는 국가다. 이중에서 프랑스는 대통령이 총리를 직접 임명하며, 동거정부 상황이 아니면 총리를 해임할 수 있고, 의회를 해산할 수 있고, 의회가 의결한 법률에 대한 거부권이 있고, 외교와 국방에 관한 강력한 영향력을 행사하고, 국가 비상시 특별한 권한을 행사할 수 있는 등 강력한 권한을 갖고 있어서 대통령 중심의 준대통령제 국가로 흔히 불린다. 포르투갈은 대통령이 총리를 임명하지만 의회 동의가 필요하며, 총리를 해임할 수 없으며, 비록 제한적이지만 의회 해산 및 외교·국방에 대한 영향력 및 긴급권 행사가 가능하며 법률안거부권을 갖는다는 점에서 의원내각제에 가까운 준대통령제로 특징지을 수 있다. 이 두 국가에 비하면 핀란드는 대통령이 총리에 대한 형식적인 임명권만 가지며, 총리 해임과 국회해산을 할 수 없으며, 비록 법률안거부권은 갖지만 긴급권은 없으며 외교·국방 관련해서는 외교에서만 일부 영향력을 행사한다. 그래서 핀란드는 형식적으로는 의원내각제에 가까운 준대통령제 정부형태를 취하지만 대통령 권한이 거의 없어서 실질적으로는 의원내각제로 운영되는 국가로 간주된다. 한편 아이슬란드는 대통령이 의회해산권과 법률안거부권을 제한적으로 갖지만 실질적으로는 거의 사용하지 않고 상징적인 역할만 수행함으로써 의원내각제 국가로 분류된다. 아일랜드 역시 대통령이 형식적인 총리 임명권은 갖지만 법률안거부권 행사가 거의 불가능하고 그 외의 실질적인 권한도 거의 갖지 않고 오직 상징적인 역할만 수행하여 의원내각제 국가로 간주된다.

핀란드가 강력한 권한을 가진 대통령 중심의 정부형태로부터 벗어나 실질적인 의원내각제로 평화스럽게 전환할 수 있었던 데에는 핀란드의 독특한 개헌 방식도 기여했다. 한국에서는 개헌을 하려면 국회 재적의원 과반수 또는 대통령의 발의가 있어야 하며 제안된 헌법개정안을 20일 이상 공고한 후 국회 재적의원 3분의 2 이상의 찬성으로 의결해야 한다. 그리고 최종적으로 국민투표를 거쳐 확정된다. 개헌을 위한 국민투표제는 제헌헌법과 제2공화국 헌법에는 없었다. 그래서 국회에서의 의결로 헌법개정이 이루어졌다가 제3공화국 헌법에서부터 헌법개정을 위한 국민투표제가 도입되어 지금까지 유지되고 있다.

이에 비해 핀란드의 헌법개정 절차는 상당히 독특하다. 개헌은 일반적인 절차와 긴급 절차의 두 가지 방식으로 진행될 수 있는데 일반적인 개헌 과정에서는 정부나 국회의원 5분의 1 이상으로 발의된 개정안이 의회에서 제1차 심의 후 과반수 찬성으로 통과되면 일반적인 절차로 간주되어 다음 총선을 통해 새롭게 구성된 차기 의회에서 제2차 심의 후 의원 3분의 2의 찬성으로 최종 확정된다. 이 과정에서 국민투표는 요구되지 않는다. 신중한 개헌을 위한 일반적인 절차에 소요되는 시간을 기다리기 어려운 경우에는 개헌을 즉시 할 수 있는 긴급 개헌 절차를 이용할 수 있다. 긴급 개헌 과정에서는 발의된 개정안이 의회에서 제1차 심의 후 의원 6분의 5의 찬성으로 통과되면 긴급안으로 선언된다. 그러면 차기 총선을 기다릴 필요가 없이 같은 의회에서 개정안의 심의가 이루어진 후 3분의 2의 찬성으로 최종 확정된다. 핀란드 헌법의 개정 절차에서 국민투표는 요구되지 않는데 국회의 선택으로 국민투표를 실시할 수는 있지만 법적 구속력은 없다. 민주적 효율성과 간소화를 위해 단원제 의회를 채택하고 있는 핀란드는 헌법개정 과정에서 신중함을 더하고 합의의 폭을 넓히는 방법으로 현 의회에서의 찬성과 차기 의회에서의 찬성을 함께 요구하면서 신속성이 요구되는 경우를 대비하여 매우 엄격한 통과 기준을 설정하는 방법을 취한 것이다. 이처럼 의회 중심의 폭넓은 합의제적 성격의 개헌 방식을 사용하여 개헌을 수차례 진행하는 방식으로 핀란드는 대통령 중심의 정부형태로부터 실질적인 의원내각제로의 전환을 평화스럽게 그리고 점진적으로 이루어냈던 것이다.

참고로 양원제 의회를 채택한 독일에서도 헌법, 즉 기본법 개정은 의회 중심으로 이루어지므로 국민투표는 실시되지 않는다. 다만 기본법을 개정하기 위해서는 정부나 의회에서 발의된 개정안에 대해 연방 하원의원 3분의 2의 찬성과 연방 상원의원 3분의 2의 찬성이 있어야 확정된다. 즉 독일에서는 국민투표 없이 연방 하원과 연방 상원의 심의 및 투표라는 신중한 절차를 통해 비교적 단순하고 신속하게 헌법을 개정할 수 있다. 그 결과 독일에서는 독일연방공화국의 출범 후 선거법 개정, 독일통일, 환경보호, 수도이전, 연방제 개혁, 재정개혁, 이민법 개정, 동성혼, 국방비 증액 등에 관련된 기본법 조항을 수정하기 위해 60차례가 훨씬 넘는 헌법개정을 실시했다. 이처럼 독일기본법은 독일의 역사적 혹은 정치적 변화와 시대정신의 변화 등을 적극 반영하여 지속적으로 개정됨으로써 높은 수준의 유연성과 적응력을 보여준다.

## 4. 의원내각제의 쟁점에 관한 '핀란드 모델'과 '독일 모델'

대한민국에서 대통령제를 의원내각제로 전환하는 개헌을 하려면 특별히 의원내각제의 몇 가지 주요 쟁점에 관한 의견이 정리될 필요가 있다. 그 가운데 핵심은 두 가지인데 하나는 의원내각제 대통령의 선출 방식이며 다른 하나는 의원내각제 대통령에게 주어지는 권한이다. 이와 관련하여 매우 다양한 외국 사례가 있지만 앞에서 다룬 여러 논의를 바탕으로 나는 특별히 독일 사례와 핀란드 사례에 주목하면서 한국의 의원내각제 헌법안을 구상할 때 적극 활용하려고 한다.

독일 사례와 핀란드 사례의 가장 뚜렷한 차이 가운데 하나는 대통령 간선제와 직선제의 차이다. 그리고 독일 의원내각제는 독일연방공화국을 출범시키기 위해 독일기본법을 제정할 때부터 나치즘의 역사적인 교훈에 입각하여 대통령에게 실질적인 권한을 허용하지 않는 순수한 의원내각제의 형태로 만들어졌다. 이에 비해 핀란드 내각제는 독립 후 초기에 대통령의 권한이 강력한 대통령 중심의 이원정부제로 시작했다가 점차 실질적인 의원내각제 국가로 전환되어온 형태라는 점에서도 두 사례는 큰 차이가 있다. 그래서 나는 이 두 사례를 각각 '독일 모델'과 '핀란드 모델'이라 부르면서 이들을 중심으로 두 가지 쟁점을 간략히 다루려고 한다.

먼저 대통령 선출 방식과 관련해서는 의원내각제에서 대통령직선제나 간선제 모두 가능하지만 한국의 유권자들은 제3공화국 출범 이래 아주 오랫동안 대통령 직접 선출에 익숙해졌다. 게다가 현 제6공화국 출범의 계기가 된 1987년 민주항쟁의 가장 중요한 타겟이 제5공화국의 대통령 간선제를 거부하고 이를 대통령직선제로 되돌리는 것이었다는 기억과 경험 때문에 국민들, 특히 1987년 민주항쟁을 경험한 세대는 대통령 간선제를 반민주주의적인 것으로 여기고 대통령직선제만을 민주주의와 동일시하는 경향이 여전히 넓게 존재한다. 이것이 그동안 대통령 간선제를 특징으로 하는 순수 의원내각제를 많은 국민이 수용하기를 매우 꺼리게 만드는 하나의 중요한 배경이었다. 그리고 많은 국민이 대통령제의 여러 문제점에도 불구하고 대통령을 국민이 직접 선출하는 대통령제와 심지어 이원정부제조차 그동안 의원내각제보다 더 선호하는 경향이 있었다. 이런 점을 고려하여 한국에서 의원내각제로의 전환을 꾀한다면 먼 미래에는 달라지더라도 현상황에서는 핀란드 모델처럼 대통령직선제를 전제로 한 의원내각제를 구상하면서 추진하는 것이 바람직하다.

다음은 대통령의 권한에 관한 것이다. 핀란드 모델과 독일 모델에서의 대통령 권한을 간략히 정리하여 도표로 제시하면 〈표 6〉과 같다.

**〈표 6〉 의원내각제의 독일 모델과 핀란드 모델**

| 쟁점 | 모델 | 독일 모델 | 핀란드 모델 |
|---|---|---|---|
| 대통령 | 대통령 선출 방식 | 연방회의에서 선출 | 국민이 직접 선출 |
| | 상징적·의전적 역할 | 상징적·의전적 역할 중심 | 상징적·의전적 역할 수행 |
| | 외교정책 권한 | 외교적으로 상징적 역할만 수행 | 외교정책에서 실질적인 영향력 |
| | 군통수권 | 대통령에게 없음 | 군 최고 통수권자 |
| | 총리 임명 | 의회 결정에 따르는 임명 | 의회 결정에 따르는 임명 |
| | 의회해산권 | 총리의 선출·신임 관련해서 매우 제한적으로만 가능 | 총리의 제안에 따라, 총리와 협의 후에만 가능 |
| | 법률안거부권 | 명백히 위헌일 때만 형식적 거부 | 정치적 거부도 가능하지만 의회 재의결로 거부권 무효화 |
| | 비상사태 시 권한 | 실질적인 권한은 없음 | 제한적으로 존재 |
| 총리 | 총리 선출 방식 | 실질적으로 의회에서 선출 | 실질적으로 의회에서 선출 |
| | 각료 임명권 | 총리의 제안을 대통령이 승인 | 총리의 제안을 대통령이 승인 |
| | 의회해산권 | 직접적인 해산권은 없음 | 직접적인 해산권은 없음 |

독일과 핀란드는 의원내각제 국가이기 때문에 총리가 실질적인 권한을 행사하며 국정을 주도적으로 이끌어간다. 그러므로 양국 대통령은 공통적으로 국가적 행사, 외교적 의전, 헌법 수호 등 국가수반으로서의 상징적인 역할에 집중한다. 그런데 핀란드에서는 대통령에게 국방 및 외교정책에 관련된 실질적인 영향력을 행사할 수 있는 권한이 부여된다. 과거에는 이 권한이 매우 컸지만 점차 축소되어 이제는 대통령이 단독으로 행사하기보다는 총리 및 정부의 정책 추진에 긴밀히 협력하는 방식으로 영향력이 행사되는 경향을 보인다. 그럼에도 불구하고 핀란드 대통령은 군 최고 통수권자이며 국가 위기 상황에서는 비상사태를 선포할 수 있다는 점에서 독일 대통령과 다르다. 물론 실질적인 군 운영과 군사작전 등은 국방부와 내각, 그리고 군 총사령관과의 협의 아래 이뤄지며 대통령이 독자적으로 군을 통제할 수는 없다. 비상사태에서도 대통령의 역할은 총리 및 내각과의 협력, 그리고 의회의 승인 아래 이뤄진다. 또한 핀란드 대통령은 총리의 제안으로 혹은 정치 위기 시에 총리와 협의 후 의회를 해산할 수 있어서 독일보다 재량권이 조금 더 넓긴 하지만 총리 없이 대통령 단독으로는 의회를 해산할 수 없다. 의회에서 통과된 법률안에 대한 거부권은 독일과 핀란드 대통령에게 모두 있지만 독일 대통령은 법률안이 명백히 위헌적일 때만 서명을 거부할 수 있는 데 비해 핀란드 대통령은 정치적인 이유로도 거부할 수 있다. 하지만 의회가 재의결하면 법안이 발효되므로 대통령의 거부권은 일종의 지연권 역할만을 하는 셈이다.

총리 선출 방식에서는 독일과 핀란드 사이에 실질적으로 큰 차이

핀란드 대통령이 신임 총리 페테리 오르포를 임명하고 내각 구성을 승인하는 장면

가 없다. 즉 의회 다수당 대표가 중심이 되어 과반수 의석을 확보하는 연합을 이루게 되면 대통령이 다수당 대표를 총리 후보로 제안한 후 의회에서 과반수 찬성으로 선출하는 것이다. 총리의 권한에서도 독일과 핀란드 모두 총리에게 강력한 권한이 주어진다는 점에서 비슷하다. 다만 거의 상징적인 역할에 그치는 독일 대통령과 달리 핀란드 대통령은 일부 역할에서 제한된 권한을 갖는 만큼 핀란드 총리는 이들 역할에서 일부 권한을 대통령과 공유하게 된다. 그리고 특히 국방 및 외교정책은 총리와 정부가 대통령과의 긴밀한 협력을 통해 추진한다. 총리 권한의 이런 차이는 대통령 권한의 차이와 주로 관련된 문제이므로 굳이 별도로 반복해서 언급하지 않아도 될 것이다.

### 5. 의원내각제 개헌의 구체적인 추진 방안

의원내각제 개헌의 추진 방안과 관련하여 두 가지가 중요하다. 하나는 개헌안의 내용이며 다른 하나는 개헌 추진 일정이다. 먼저 개헌안의 내용은 다양하게 구상할 수 있을 것이다. 하지만 막강한 대통령제에 익숙해 있는 한국 유권자들이 곧바로 독일 모델을 그대로 선택하기는 쉽지 않다. 그래서 자주 언급되는 것이 막강한 대통령 권한을 책임총리에게 이양하는 분권형대통령제이며 그 구체적인 모델로는 프랑스식 이원정부제가 자주 거론된다. 앞에서도 언급했듯이 이원정부제에도 매우 다양한 유형이 있는데 프랑스식 이원정부제는 동거정부가 아닐 경우에는 대통령중심제의 특성을 갖는 강한 형태다. 이 유형의 가장 큰 문제는 동거정부가 아닐 경우, 즉 대통령의 소속 정당이 의회 권력을 갖는 경우에는 대통령제와 별반 다름이 없다는 점에서 대통령제 극복을 위한 개헌의 취지와 충돌한다. 다른 큰 문제는 동거정부의 상황, 즉 대통령 소속 정당이 의회 권력을 상실하는 경우에는 대통령과 의회 간의 충돌과 대립이 심각하다는 점이다. 대통령제의 여소야대 상황으로 여러 차례 커다란 정치적 불안정을 경험한 바 있는 한국으로서는 이런 상황의 재발이 결코 바람직하지 않다. 그러므로 이런 점에서 프랑스식 이원정부제는 결코 제왕적 대통령제 극복을 위한 개헌의 바람직한 방안이 될 수 없다.

그래서 내가 특별히 주목하는 모델이 핀란드 모델이다. 핀란드는 형식적으로는 이원정부제 국가지만 실질적으로는 의원내각제 국가다. 우선 대통령은 국민에 의해 직접 선출된다. 그리고 위에서 보았듯이 핀란드 대통령에게는 국방 및 외교와 관련하여 어느 정도 제한된 권한이 부여되어 있다. 무엇보다 그는 군 최고 통수권자다. 그리고 긴급 상황에 대처하는 데 필요한 권한도 제한적으로 부여되어 있으며 아주 약한 수준이긴 하지만 법률안거부권도 갖는다. 이처럼 대통령은 국가수반으로서 상징적·의전적 역할을 수행할 뿐만 아니라 국방 및 외교 등 제한된 영역에서 실질적인 영향력을 행사할 수 있다. 하지만 대통령의 이러한 영향력 행사를 거의 대부분 총리 및 내각과의 협의 아래 혹은 의회의 승인 아래 하도록 규정해둠으로써 의회와 총리 중심의 의원내각제 성격을 분명히 하고 있다. 대한민국이 의원내각제 개헌을 한다면 이처럼 총리 및 국회 권한과 충돌하지 않는 범위 내에서 직선 대통령에게 일부 권한을 부여하는 형태로부터 시작할 수 있을 것이다. 그리고 이후에 필요하다면 그동안의 경험과 국내외적인 상황을 고려하면서 대통령의 권한은 제한하고 국회와 총리의 권한은 더욱 강화하는 개헌을 통해 보다 순수한 의원내각제로 전환할 수 있을 것이다.

다음으로 개헌 추진 일정이다. 윤석열 전 대통령이 위헌적인 12.3 계엄선포로 헌법재판소에서 탄핵됨에 따라 제21대 대통령 선거를 앞두고 있는 현상황에서 생각해볼 수 있는 의원내각제 개헌의 일정 방안으로 나는 다음 세 가지가 가능하다고 본다. 현행 헌법의 테두리 안에서 개헌을 추진해야 하므로 세 가지 일정 방안에서 공통적으로 본격적인 개헌 절차는 국회 재적의원 과반수 또는 대통령의 발의로부터 시작된다.

〈일정 방안 1〉은 "제21대 대통령의 임기 중 의원내각제 대통령으로의 지위 변화 유형"이다. 이 방안에 따르면 의원내각제는 제23대 국회부터 시행된다. 이를 위해서 먼저 제21대 대통령 선거에 참여하는 후보자들이 제왕적 대통령제 극복의 필요성을 인정하고 자신의 임기 중에, 보다 구체적으로는 제23대 국회부터 의원내각제가 시행될 수 있게 개헌을 추진하겠다는 공약을 분명히 제시하도록 유권자의 목소리로 강력히 요구하는 것이다. 그런데 제23대 국회부터 의원내각제가 시행되면 제21대 대통령의 지위가 대통령제 대통령으로부터 의원내각제 대통령으로 바뀌게 된다. 즉 실질적인 최고 권력자 혹은 국가수반이자 정부수반으로서의 대통령이 이러한 실권이 사라진 상징적인 국가수반으로 머물게 되는 것이다. 그러므로 이 방안은 제21대 대통령 후보자, 특히 당선이 가장 유력한 후보자와 소속 정당이 제23대 국회부터 대통령의 잔여 임기 동안 실권을 포기할 것을 전제로 하는 방안이다.

이 방안의 일정을 구체적으로 제시하면 제21대 대통령이 취임한 후에 2026년 상반기까지 약 1년의 기간 동안 국회 개헌추진단을 구성하도록 한다. 국회 개헌추진단은 1.5-2년 기간 동안 개헌안을 마련하여 발의 및 국회 의결을 거친다. 물론 이 개헌안에는 의원내각제가 제23대 국회부터 적용된다는 점이 분명히 담긴다. 이 개헌안을 확정하기 위한 국민투표는 2028년 초에 독립적으로 실시되거나 아니면 2028년 4월에 예정되어 있는 제23대 총선과 동시에 실시된 후 제

23대 국회가 개원함과 동시에 의원내각제가 시행된다.

〈일정 방안 2〉는 "제21대 대통령의 임기 단축 유형"인데 이 방안에서도 의원내각제는 제23대 국회부터 시행된다. 〈일정 방안 1〉처럼 여기서도 먼저 제21대 대통령 선거 후보자들이 제왕적 대통령제의 극복 필요성을 인정하고 제23대 국회부터 의원내각제를 시행할 수 있게 개헌을 추진하겠다고 분명히 공약하도록 요구해야 한다. 그런데 제23대 국회부터 의원내각제가 시행되면 대통령제의 대통령 직위가 멈추게 된다. 그러므로 이 방안은 제21대 대통령 후보자, 특히 당선이 가장 유력한 후보자와 소속 정당이 이번에는 대통령 임기 5년을 다 채우지 않고 의원내각제가 시행되기 전까지만 재임한다며 임기 단축을 받아들이는 것을 전제로 하는 것이다. 물론 의원내각제 대통령 선거가 실시되는 2028년의 제22대 대통령 선거에는 임기가 단축된 제21대 대통령이 출마하여 당선되면 새로운 임기를 채울 수 있게 할 수도 있다.

어쨌든 이 방안의 일정을 구체적으로 제시하면 앞부분은 〈일정 방안 1〉과 동일하다. 즉 제21대 대통령이 2026년 상반기까지 약 1년 동안 국회 개헌추진단을 구성하며, 국회 개헌추진단은 1.5-2년 기간 동안 개헌안을 마련하여 발의 및 국회 의결을 거친다. 이 개헌안에도 의원내각제가 제23대 국회부터 적용된다는 점을 분명히 담는다. 이 개헌안을 확정하기 위한 국민투표는 2028년 초에 실시하며, 2028년 4월에 예정된 제23대 총선과 제22대 대통령 선거를 동시에 실시한다. 이로써 제23대 국회의 개원과 동시에 의원내각제가 시행된다.

〈일정 방안 3〉은 "제21대 대통령의 대통령제 대통령직 보장 유형"이다. 이 유형의 특징은 제23대 국회에서 의원내각제 개헌을 추진하고 제22대 대통령 임기부터 의원내각제를 시행하는 방식이다. 즉 다른 방안들처럼 여기서도 먼저 제21대 대통령 선거 후보자들이 제왕적 대통령제의 극복을 위한 개헌을 제23대 국회를 통해 추진하겠다고 공약하고 이후에 2028년 제23대 총선에서도 마찬가지로 각 정당이 제왕적 대통령제 극복을 위한 개헌을 추진하겠다는 공약을 하도록 요구한다. 제23대 국회가 구성되면 이들 공약을 바탕으로 2028년 말까지 국회 개헌추진단을 구성한 후에 국회 개헌추진단이 약 1년 동안 개헌안을 마련하여 발의 및 국회 의결을 거친다. 물론 이 개헌안에는 의원내각제가 제22대 대통령 임기 시작 시점부터 시행된다는 점이 담겨야 한다. 개헌안 확정을 위한 국민투표는 2030년 초에 실시하여 만약 개헌안이 확정된다면 2030년 제22대 대통령 임기 시작과 함께 의원내각제가 시행되는 일정이다.

〈일정 방안 1〉에서는 제21대 대통령직이 비록 5년 임기 중에 의원내각제 대통령직으로 바뀜으로써 실질적인 권력이 상실되긴 하지만 5년 임기를 보장받는다는 것이 큰 장점이다. 하지만 의원내각제의 권력 구조에서 가장 중요한 기반은 의회에서의 정당별 의석 분포다. 그런데 현재의 제22대 국회에서 의원내각제 개헌을 추진한다면 제22대 국회 다수당인 더불어민주당의 관점이 지나치게 반영된 개헌안이 나오게 되지 않을까 하는 불안감 때문에 다른 정당들이 의원내각제로의 개헌 추진에 소극적이거나 비판적인 자세로 나올 수 있다는 점은 큰 단점이다.

〈일정 방안 2〉에서는 새로운 국회뿐 아니라 새로운 대통령과도 함께 의원내각제가 시행된다는 점은 의원내각제의 성공적인 작동에 매우 유리하다. 비록 제21대 대통령의 임기가 도중에 중단됨으로써 결국 임기가 단축되는 결과를 가져오지만 의원내각제의 제7공화국 초대 대통령 선거에 제21대 대통령의 출마가 가능하다면 만약 당선되는 경우에는 더욱 오랜 기간 동안 대통령으로 재임하게 된다. 물론 이 방안에서도 현재의 제22대 국회가 의원내각제 개헌을 추진함으로써 다수당인 더불어민주당이 아닌 다른 정당들로 하여금 개헌에 부정적인 태도를 취하게 할 수 있다는 점은 우려된다. 하지만 〈일정 방안 1〉과 〈일정 방안 2〉는 모두 지체 없이 개헌을 추진하는 일정이어서 개헌의 시기를 앞당길 수 있다는 장점이 있다.

〈일정 방안 3〉은 개헌 추진 시기가 가장 늦춰진다는 단점을 갖고 있지만 국회의 정당별 의석 분포가 이미 확정되어 있는 제22대 국회 대신에 모든 정당에게 기회가 열려 있는 제23대 국회에서 개헌을 추진한다는 점은 큰 장점이 될 수 있다. 물론 의원내각제의 시행 시기는 대통령 임기 시작보다 새로운 국회가 시작되는 시기에 맞추는 것이 의원내각제의 성격에 더욱 부합하는데 이 방안에서는 제22대 대통령 임기 시작 시기에 맞춰져 있다는 점은 비교적 큰 단점이라고 할 수 있다.

이러한 의원내각제 개헌 추진 일정 방안의 주요 내용과 장단점 등을 정리하면 〈표 7〉과 같다.

〈표 7〉 의원내각제 개헌 추진 일정 방안의 세 유형

| 유형<br>특징 | 일정 방안 1 | 일정 방안 2 | 일정 방안 3 |
|---|---|---|---|
| 제21대<br>대통령직의<br>변화 유형 | 대통령 임기 중<br>의원내각제<br>대통령으로의<br>지위 변화 유형 | 대통령의<br>임기 단축 유형 | 대통령제 대통령직<br>보장 유형 |
| 개헌안 준비 및<br>의결 주체 | 제22대 국회 | 제22대 국회 | 제23대 국회 |
| 의원내각제 시<br>행 시기 | 제23대 국회부터 | 제23대 국회부터 | 제22대 대통령 임기<br>시작부터 |
| 국민투표<br>실시 시기 | 2028년 초 단독 혹은<br>제23대 총선과 동시 | 2028년 초 | 2030년 초 |
| 전환의 특성 | 제21대 대통령직<br>임기 중에 의원내각제<br>대통령직으로 전환 | 2028년 4월 제23대<br>총선과 제22대 대통령<br>선거의 동시 실시 | 제23대 국회 회기<br>도중에 의원내각제<br>국회로 전환 |
| 장점 | 제21대 대통령 임기<br>보장. 개헌 시기를 앞당길<br>수 있음 | 의원내각제의 성공적인<br>작동에 유리함. 개헌<br>시기를 앞당길 수 있음 | 개헌안을 준비하는<br>제23대 국회 권력이<br>현재 확정되어 있지 않음 |
| 단점 | 현 다수당의 관점이<br>지나치게 반영되는<br>개헌안에 대한 우려 가능 | 현 다수당의 관점이<br>지나치게 반영되는<br>개헌안에 대한 우려 가능 | 개헌 시기가 늦춰짐.<br>국회 회기 도중에<br>의원내각제로 전환됨 |
| 기타 | 제21대 대통령 선거에서<br>의원내각제 개헌 공약<br>필요 | 제21대 대통령<br>선거에서 의원내각제<br>개헌 공약 필요 | 제21대 대통령 선거와<br>제23대 국회의원<br>선거에서 의원내각제<br>개헌 공약 필요 |

나는 이들 일정 방안 가운데 개헌을 앞당길 수 있는 앞의 두 방안이 더욱 바람직하며 이 가운데서도 의원내각제 국회와 대통령 임기가 함께 시작되는 〈일정 방안 2〉가 더욱 바람직하다고 본다. 하지만 이 두 방안은 지금의 제22대 국회 의석의 양대 축을 이루는 정당, 즉 더불어민주당과 국민의힘, 그리고 제21대 대통령이 함께 의원내각제 개헌에 동의해야 하는데 과연 이들이 동의할 수 있을지 매우 불확실하다. 게다가 국회의 전체 300석 가운데 170석이나 되는 최대 의석을

가진 더불어민주당 후보가 만약 제21대 대통령 선거에서 당선된다면 의회 권력과 정부 권력을 함께 갖게 되는 더불어민주당과 대통령이 막강한 권력의 대통령제를 포기하기가 더욱 어려워질 것이다. 따라서 이런 경우에는 의원내각제 시행 시기가 조금 늦춰지더라도 〈일정 방안 3〉처럼 제23대 국회에서 의원내각제 개헌을 본격적으로 추진하고 그 이전에는 제왕적 대통령제 극복을 위한 의원내각제 도입의 불가피성에 대한 공감대를 널리 확산시키는 노력을 할 수 있을 것이다.

# 10장
# 의원내각제 헌법개정안 구상

 현행 제6공화국 헌법의 대통령제를 대통령 중임제나 이원정부제가 아닌 의원내각제로 바꿀 필요성을 강력히 주장하는 것이 나의 뜻이다. 그런데 좀더 구체적으로 들어가면 의원내각제 헌법개정안도 매우 다양할 수 있다. 특히 대통령제에서 대통령에게 부여된 막강한 권한을 실질적으로 국무총리와 국무위원에게 넘기면서 국가수반인 대통령에게는 어떤 권한을 어느 정도 부여할지에 대한 다양한 견해가 있을 수 있다. 구체적인 예로는 군통수권을 대통령에게 부여할지 여부와 만약 부여한다면 어떤 식의 행사가 가능하도록 부여할지 같은 것이다. 그리고 대통령 선출 방식, 대통령의 재의요구권, 계엄선포권, 국회해산권 등을 둘러싸고도 다양한 견해가 있을 것이다. 이 외에도 국무원의 구성 방식, 국무총리에 대한 국회의 불신임권, 대통령에 대한 국회의 탄핵권 등 국회, 대통령 그리고 정부에 관한 수많은 쟁점을 둘러싼 폭넓은 견해 차이가 존재하기 때문에 결국 매우 상이한 의원내각제 헌법개정안이 제시될 수 있다.

나는 앞에서 지금까지 개진한 논의를 바탕으로 다음과 같은 내용으로 의원내각제 헌법개정안을 마련해보았다. 현행 헌법 전체에 대한 개정안 대신에 정부형태의 전환과 관련하여 국회, 대통령 그리고 정부에 관한 내용에만 한정된 개정안으로서 앞으로 전개될 의원내각제 헌법개정 논의에서 참고 자료가 되길 기대한다.

첫째, 기본틀은 제2공화국 헌법의 국회, 대통령, 정부에 관한 내용 가운데 의원내각제에 관련된 부분을 바탕으로 제6공화국 헌법의 관련 내용을 수정 및 보완하는 식으로 마련했다. 그 위에서 일부 내용을 의원내각제 국가인 핀란드, 독일 등의 사례를 참조하여 수정 혹은 보완했다.

둘째, 국회는 양원제를 채택한 제2공화국 헌법과 달리 일단은 현행처럼 단원제로 제시했다. 연방제 국가인 독일과 달리 한국처럼 단일 국가(unitary state)인 핀란드 의회가 단원제인 것도 고려했다. 하지만 내각제 도입 논의와 별도로 지방자치 발전의 관점에서 이루어지는 양원제 도입 여부에 관한 논의는 향후 헌법개정 논의 과정에서 보다 깊이 있게 다뤄지길 기대한다.

셋째, 다당제의 의원내각제는 비례대표제의 성공적인 작동을 필요로 한다. 그래서 현행 비례대표 국회의원과 지역구 국회의원 수의 지나친 불균형을 시정하는 차원에서 최소 1:2 비율을 명시했다. 그리고 비례대표제를 왜곡하는 위성정당의 설립을 원천적으로 금지하는 조항을 덧붙였다. 비례대표제 관련 규정은 대부분의 국가에서 헌법이 아닌 선거 관련 일반 법률로 이루어져 있다. 하지만 이것은 기존 정당 및 정치인의 이해관계와 깊이 얽혀 있는 쟁점이어서 우리나라의 현상황에서는 불가피하게 헌법에서 최소한의 틀을 마련할 필요가 있다고 보았다.

넷째, 의원내각제에서 그 역할이 훨씬 더 커지는 국회의 상시적인 개최를 위해 정기회의와 임시회의 개념을 삭제하였으며 국회와 내각의 협력 필요성이 커지기 때문에 국무총리의 국회 소집 요구권을 추가하는 대신 대통령의 국회 소집 요구권은 삭제했다.

다섯째, 의원내각제에서는 국무총리에 대한 국회의 불신임권이 있기 때문에 국회가 행하는 탄핵의 대상을 대통령, 헌법재판관, 법관, 기타 법률이 정한 공무원으로 축소시켰다. 그리고 현행 탄핵 소추 후의 직무 자동정지 조항은 미국, 독일 등 대부분의 국가에 없는 것으로 우리나라에서는 제2공화국 헌법에 처음 도입된 후 지금까지 그대로 유지되어왔다. 그런데 이 조항에는 여러 가지 문제점이 지적되기 때문에 독일기본법처럼 헌법재판소의 직무 정지 가처분 결정에 맡기는 방식으로 수정했다.

여섯째, 제2공화국 헌법과 독일기본법에서는 대통령을 의회에서 선출하지만 핀란드, 아일랜드 등의 사례를 참조하여 지금처럼 대통령을 국민의 직접선거로 선출하는 것을 유지했다. 대통령 선거에서 결선투표제를 도입했으며 제2공화국 헌법과 독일기본법처럼 대통령에게 현행 5년 임기에 1회 중임을 허용하는 방향으로 대통령 임기 조항을 개정했다. 참고로 핀란드 대통령은 6년 임기에 1회 중임이 가능하다.

일곱째, 핀란드 모델을 참조하여 대통령의 국군통수권 행사가 헌법과 법률의 규정에 의거할 뿐만 아니라 "정부의 제안"에 입각하여 이뤄진다는 내용으로 대통령의 군통수권 행사 방식을 의원내각제 취지에 맞게 개정했다.

제헌헌법부터 제6공화국 헌법까지 모든 대통령제 헌법뿐 아니라 의원내각제의 제2공화국 헌법에서도 대통령에게 군통수권이 부여되었다. 그런데 앞에서 핀란드 모델과 독일 모델에서 보았듯이 의원내각제 국가라도 군통수권의 부여 방식과 실행 방식이 다양하다. 독일 모델에서는 대통령에게 군사적 권한이 공식적으로 없고 평시에는 국방장관이 그리고 전시에는 총리가 군통수권을 갖는다. 영국에서는 국가수반인 국왕에게 군통수권이 있지만 국왕은 군사적 의사 결정에 직접 개입하지 않고 실질적인 권한이 정부에 위임되어 있다. 즉 총리가 사실상의 군통수권자 역할을 수행한다. 나는 한국의 의원내각제도 궁극적으로는 국무총리가 온전한 군통수권을 갖는 것이 바람직하다고 생각한다. 다만 대통령제에서 의원내각제로의 전환이 시작되는 단계에서는 직선 대통령의 모든 권한을 국무총리에게 한꺼번에 이양하기보다는 핀란드 모델처럼 하는 것이 보다 적절하다고 판단했다. 즉 외교와 국방 관련 권한을 대통령에게 남겨두되 대통령이 독자적으로 권한 행사를 주도하지 못하고 국무총리 및 관련 장관이 주도하는 가운데 최종적으로 대통령이 이들과 협력하면서 영향을 끼치는 매우 제한된 방식으로만 이들 권한을 행사하는 것이다. 대통령에게 군통수권을 부여하는 것이 과연 바람직한지 만약 부여한다면 어느 정도와 방식으로 권한을 행사할 수 있게 하는 것이 바람직한지에 관해서는 보다 치열한 추가적인 논의가 필요할 것이다.

여덟째, 국회에서 의결된 법률안에 대한 대통령의 재의 요구권은 의원내각제 취지에 부합하지 않기 때문에 제2공화국 헌법과 독일기본법처럼 이를 삭제했다.

아홉째, 계엄 요건과 절차를 강화했다.

열째, 국무총리가 국회의 신임을 획득하지 못하는 경우에는 "국무총리의 제청"에 따라 독일처럼 대통령에게 국회를 해산할 수 있는 권한을 부여했다.

열한째, 1962년 제3공화국 헌법에서부터 대통령제에 맞게 국무원의 명칭이 국무회의로 변경되었던 것을 이제 다시 제헌헌법과 제2공화국 헌법대로 국무원으로 환원했다.

열두째, 정부 부분에서는 특히 국무원에 관련된 많은 내용을 제2공화국 헌법에서 가져왔다.

열셋째, 국무회의의 권한을 전반적으로 강화했다.

열넷째, 독일기본법의 건설적 불신임제 관련 조항을 도입했다.

열다섯째, 제6공화국 헌법에서는 감사원이 행정부에 속한 기관으로 되어 있으나 감사원의 독립성을 강화하려면 의회에 두거나 헌법재판소와 선거관리위원회처럼 독립적인 헌법기관으로 둘 수 있다. 하지만 감사원이 정부와 정당의 영향으로부터 보다 자유롭게 활동하기 위해서는 이탈리아와 프랑스처럼 독립적인 헌법기관으로 위상을 더욱 강화하는 것이 바람직하다. 그래서 의원내각제의 제7공화국 헌법

개정안에서는 국회, 대통령, 정부 관련 조항에서 감사원 부분은 제외했다.

열여섯째, 제6공화국 헌법이 약 40년 가까이 개정되지 않았기 때문에 헌법개정을 요구하는 쟁점 조항이 매우 다양하다. 나의 개정안은 의원내각제로의 권력구조 내지는 정부형태 전환을 위한 밑그림을 제시하는 데 초점이 맞춰져 있기 때문에 이들 쟁점 조항이 정부형태 전환에 직접 관련된 것이 아니면 가능한 한 다루지 않으려고 했다. 그럼에도 국회, 대통령, 정부 관련 조항에 포함된 경우에는 최소한의 범위 안에서 다루었다. 정부형태 외의 다른 쟁점을 둘러싼 헌법개정 논의도 앞으로 깊이 있고 활발하게 이뤄지기를 기대한다.

## 1. 의원내각제 헌법개정안의 주요 내용 및 개정 사유, 근거
**(개정안의 고딕체는 개정 내용)**

| 현행 | 개정안 | 사유, 근거 |
|---|---|---|
| 제3장 국회 | 제3장 국회 | |
| 제40조 입법권은 국회에 속한다. | 좌동 | |
| 제41조 ① 국회는 국민의 보통·평등·직접·비밀선거에 의하여 선출된 국회의원으로 구성한다.<br>② 국회의원의 수는 법률로 정하되, 200인 이상으로 한다.<br>③ 국회의원의 선거구와 비례대표제 기타 선거에 관한 사항은 법률로 정한다. | ① 좌동<br>② 국회의원의 수는 법률로 정하되, **300인 이상으로 한다. 다만 비례대표 국회의원의 수가 지역구 국회의원 수의 절반보다 적지 않아야 한다.**<br>③ 국회의원의 선거구와 비례대표제 기타 선거에 관한 사항은 법률로 정한다. **다만 비례대표제의 취지에 반하는 선거용 위성정당의 설립은 허용되어서는 안 된다.** | -제2항: 비례대표제의 확대 필요성을 감안하면 국회의원 수를 대폭 늘릴 필요가 있으나 국민 공감대가 있어야 하므로 우선 현행 규모를 기준으로 "300명 이상"으로 수정했음. 현행 조항의 "200인 이상"은 1980년 제5공화국 헌법에 처음 등장했음. 다만 비례대표 국회의원과 지역구 국회의원 수의 지나친 불균형을 시정하기 위해 최소 1:2 비율을 명시했음.<br>-제3항: 비례대표제를 왜곡하는 선거용 위성정당 설립 금지 조항을 덧붙였음. |
| 제42조 국회의원의 임기는 4년으로 한다. | ① 국회의원의 임기는 4년으로 한다. **다만 국회가 해산된 때에는 그 임기는 제47조 제1항의 국회의원 총선거일까지로 한다.**<br>② **국민은 국회의원을 소환할 권리를 가진다. 국민소환의 투표 청구권자·청구요건·절차 및 효력 등에 관한 사항은 따로 법률로 정한다.** | -제1항: 제2공화국 헌법 제33조 제1항.<br>-제2항: 국민소환제 추가. 현재 지방자치단체장, 의원, 시도교육감에 대해서는 법률에 '주민소환제'가 규정되어 있음. 따라서 국회의원 '국민소환제'의 명문화가 필요함. |
| 제43조 국회의원은 법률이 정하는 직을 겸할 수 없다. | 좌동 | |
| 제44조 ① 국회의원은 현행범인인 경우를 제외하고는 회기 중 국회의 동의 없이 체포 또는 구금되지 아니한다.<br>② 국회의원이 회기 전에 체포 또는 구금된 때에는 현행범인이 아닌 한 국회의 요구가 있으면 회기 중 석방된다. | ① 좌동<br>② 좌동<br>③ **제1항의 국회 동의와 제2항의 국회 요구를 위해서는 기명투표를 통한 국회 재적의원 과반수의 찬성이 있어야 한다.** | -제3항: 국회의원 불체포 특권 조건의 강화 |

| | | |
|---|---|---|
| 제45조 국회의원은 국회에서 직무상 행한 발언과 표결에 관하여 국회 외에서 책임을 지지 아니한다. | 좌동 | |
| 제46조 ① 국회의원은 청렴의 의무가 있다.<br>② 국회의원은 국가이익을 우선하여 양심에 따라 직무를 행한다.<br>③ 국회의원은 그 지위를 남용하여 국가·공공단체 또는 기업체와의 계약이나 그 처분에 의하여 재산상의 권리·이익 또는 직위를 취득하거나 타인을 위하여 그 취득을 알선할 수 없다. | 좌동 | |
| 제47조 ① 국회의 정기회는 법률이 정하는 바에 의하여 매년 1회 집회되며, 국회의 임시회는 대통령 또는 국회재적의원 4분의 1 이상의 요구에 의하여 집회된다.<br>② 정기회의 회기는 100일을, 임시회의 회기는 30일을 초과할 수 없다.<br>③ 대통령이 임시회의 집회를 요구할 때에는 기간과 집회 요구의 이유를 명시하여야 한다. | ①-③ 삭제<br>① 국회의원 총선거는 4년마다 이뤄진다. 국회가 해산된 때에는 해산된 날로부터 20일 이후 30일 이내에 국회의원의 총선거를 실시하여야 한다.<br>② 국회는 국회의원 총선거 후 30일 이내에 개회하여야 한다.<br>③ 국회 회기의 종료와 재개는 국회가 정한다. 국회의장은 직권으로 국회를 소집할 수 있다. 또한 국회의장은 국회재적의원 4분의 1또는 국무총리가 요구하면 국회를 소집해야 한다. | -제1항: 정기회의와 임시회의 개념을 없애면서 기존 조항을 삭제하고 새로운 조항으로 대체. 제2공화국 헌법 제35조 제2항을 참조하여 국회 해산 후의 총선거 일정을 명시했음.<br>-제2항: 독일기본법 제39조 제2항.<br>-제3항: 대통령의 국회 소집 요구권을 삭제하고 그 대신에 국무총리의 국회 소집 요구권을 추가함. 독일기본법 제39조 제3항에는 국회의원뿐 아니라 대통령과 국무총리에게도 의회 소집 요구권이 부여되어 있음. 국무총리의 소집 요구권은 정부 운영을 위한 의회의 협력이 실질적으로 필요하기 때문인데 비해 대통령의 소집 요구권은 다소 의례적인 성격을 갖는 것임. 그래서 제7공화국 의원내각제 헌법안에서는 대통령의 국회 소집 요구권을 삭제했음. |
| 제48조 국회는 의장 1인과 부의장 2인을 선출한다. | 좌동 | |

| | | |
|---|---|---|
| 제49조 국회는 헌법 또는 법률에 특별한 규정이 없는 한 재적의원 과반수의 출석과 출석의원 과반수의 찬성으로 의결한다. 가부 동수인 때에는 부결된 것으로 본다. | 좌동 | |
| 제50조 ① 국회의 회의는 공개한다. 다만 출석의원 과반수의 찬성이 있거나 의장이 국가의 안전보장을 위하여 필요하다고 인정할 때에는 공개하지 아니할 수 있다.<br>② 공개하지 아니한 회의 내용의 공표에 관하여는 법률이 정하는 바에 의한다. | 좌동 | |
| 제51조 국회에 제출된 법률안 기타의 의안은 회기 중에 의결되지 못한 이유로 폐기되지 아니한다. 다만 국회의원의 임기가 만료된 때에는 그러하지 아니하다. | 좌동 | |
| 제52조 국회의원과 정부는 법률안을 제출할 수 있다. | 좌동 | |
| 제53조 ① 국회에서 의결된 법률안은 정부에 이송되어 15일 이내에 대통령이 공포한다.<br>② 법률안에 이의가 있을 때에는 대통령은 제1항의 기간 내에 이의서를 붙여 국회로 환부하고, 그 재의를 요구할 수 있다. 국회의 폐회 중에도 또한 같다.<br>③ 대통령은 법률안의 일부에 대하여 또는 법률안을 수정하여 재의를 요구할 수 없다.<br>④ 재의의 요구가 있을 때에는 국회는 재의에 붙이고, 재적의원 과반수의 출석과 출석의원 3분의 2 이상의 찬성으로 전과 같은 의결을 하면 그 법률안은 법률로서 확정된다.<br>⑤ 대통령이 제1항의 기간 내에 공포나 재의의 요구를 하지 아니한 때에도 그 법률안은 법률로서 확정된다. | ① 국회에서 의결된 법률안은 정부에 이송되어 국무총리의 제안에 따라 15일 이내에 대통령이 공포한다.<br>②-⑥ 삭제<br>⑦(②) 법률은 특별한 규정이 없는 한 공포한 날로부터 20일이 경과함으로써 효력이 발생한다. | -의원내각제 취지에 따라 대통령의 재의요구권에 관한 기존 제53조 제2항-제6항 삭제.<br>-제1항: 대통령은 국무총리의 제안에 의거 형식적으로 법률안을 공포하는 것으로 제1항을 수정.<br>-제2항: 기존 제7항을 제2항으로 변경함(일부 문구 수정) |

| | | |
|---|---|---|
| ⑥ 대통령은 제4항과 제5항의 규정에 의하여 확정된 법률을 지체 없이 공포하여야 한다. 제5항에 의하여 법률이 확정된 후 또는 제4항에 의한 확정법률이 정부에 이송된 후 5일 이내에 대통령이 공포하지 아니할 때에는 국회의장이 이를 공포한다.<br>⑦ 법률은 특별한 규정이 없는 한 공포한 날로부터 20일을 경과함으로써 효력을 발생한다. | | |
| 제54조 ① 국회는 국가의 예산안을 심의·확정한다.<br>② 정부는 회계연도마다 예산안을 편성하여 회계연도 개시 90일 전까지 국회에 제출하고, 국회는 회계연도 개시 30일 전까지 이를 의결하여야 한다.<br>③ 새로운 회계연도가 개시될 때까지 예산안이 의결되지 못한 때에는 정부는 국회에서 예산안이 의결될 때까지 다음의 목적을 위한 경비는 전년도 예산에 준하여 집행할 수 있다.<br>1. 헌법이나 법률에 의하여 설치된 기관 또는 시설의 유지·운영<br>2. 법률상 지출 의무의 이행<br>3. 이미 예산으로 승인된 사업의 계속 | ① 국회는 국가의 예산결산안을 심의·확정한다.<br>②-③ 좌동 | |
| 제55조 ① 한 회계연도를 넘어 계속하여 지출할 필요가 있을 때에는 정부는 연한을 정하여 계속비로서 국회의 의결을 얻어야 한다.<br>② 예비비는 총액으로 국회의 의결을 얻어야 한다. 예비비의 지출은 차기 국회의 승인을 얻어야 한다. | 좌동 | |

| | | |
|---|---|---|
| 제56조 정부는 예산에 변경을 가할 필요가 있을 때에는 추가경정예산안을 편성하여 국회에 제출할 수 있다. | 좌동 | |
| 제57조 국회는 정부의 동의 없이 정부가 제출한 지출예산 각항의 금액을 증가하거나 새 비목을 설치할 수 없다. | 좌동 | |
| 제58조 국채를 모집하거나 예산 외에 국가의 부담이 될 계약을 체결하려 할 때에는 정부는 미리 국회의 의결을 얻어야 한다. | 좌동 | |
| 제59조 조세의 종목과 세율은 법률로 정한다. | 좌동 | |
| 제60조 ① 국회는 상호원조 또는 안전보장에 관한 조약, 중요한 국제조직에 관한 조약, 우호통상항해조약, 주권의 제약에 관한 조약, 강화조약, 국가나 국민에게 중대한 재정적 부담을 지우는 조약 또는 입법사항에 관한 조약의 체결·비준에 대한 동의권을 가진다.<br>② 국회는 선전포고, 국군의 외국에의 파견 또는 외국 군대의 대한민국 영역 안에서의 주류에 대한 동의권을 가진다. | 좌동 | |
| 제61조 ① 국회는 국정을 감사하거나 특정한 국정 사안에 대하여 조사할 수 있으며, 이에 필요한 서류의 제출 또는 증인의 출석과 증언이나 의견의 진술을 요구할 수 있다.<br>② 국정감사 및 조사에 관한 절차 기타 필요한 사항은 법률로 정한다. | 좌동 | |

| | | |
|---|---|---|
| 제62조 ① 국무총리·국무위원 또는 정부위원은 국회나 그 위원회에 출석하여 국정처리 상황을 보고하거나 의견을 진술하고 질문에 응답할 수 있다.<br>② 국회나 그 위원회의 요구가 있을 때에는 국무총리·국무위원 또는 정부위원은 출석·답변하여야 하며, 국무총리 또는 국무위원이 출석요구를 받은 때에는 국무위원 또는 정부위원으로 하여금 출석·답변하게 할 수 있다. | 좌동 | |
| 제63조 ① 국회는 국무총리 또는 국무위원의 해임을 대통령에게 건의할 수 있다.<br>② 제1항의 해임 건의는 국회재적의원 3분의 1 이상의 발의에 의하여 국회재적의원 과반수의 찬성이 있어야 한다. | 국회는 그 재적의원의 과반수의 찬성으로 국무총리 후임자를 선출하고 대통령에게 국무총리의 해임을 요청하는 방법으로만 국무총리에 대한 불신임을 표명할 수 있다. 대통령은 이 요청에 따라야 하고 국회가 새로 선출한 자를 국무총리로 임명해야 한다. | -국무총리·국무위원의 해임 건의에 관한 기존 제1항과 제2항을 국무총리에 대한 건설적 불신임 투표제 조항으로 교체함. 독일기본법 제67조 제1항 참조 |
| 제64조 ① 국회는 법률에 저촉되지 아니하는 범위 안에서 의사와 내부 규율에 관한 규칙을 제정할 수 있다.<br>② 국회는 의원의 자격을 심사하며, 의원을 징계할 수 있다.<br>③ 의원을 제명하려면 국회재적의원 3분의 2 이상의 찬성이 있어야 한다.<br>④ 제2항과 제3항의 처분에 대하여는 법원에 제소할 수 없다. | 좌동 | |

| | | |
|---|---|---|
| 제65조 ① 대통령·국무총리·국무위원·행정 각부의 장·헌법재판소 재판관·법관·중앙선거관리위원회 위원·감사원장·감사위원 기타 법률이 정한 공무원이 그 직무집행에 있어서 헌법이나 법률을 위배한 때에는 국회는 탄핵의 소추를 의결할 수 있다.<br>② 제1항의 탄핵소추는 국회재적의원 3분의 1 이상의 발의가 있어야 하며, 그 의결은 국회재적의원 과반수의 찬성이 있어야 한다. 다만 대통령에 대한 탄핵소추는 국회재적의원 과반수의 발의와 국회재적의원 3분의 2 이상의 찬성이 있어야 한다.<br>③ 탄핵소추의 의결을 받은 자는 탄핵 심판이 있을 때까지 그 권한 행사가 정지된다.<br>④ 탄핵 결정은 공직으로부터 파면함에 그친다. 그러나 이에 의하여 민사상이나 형사상의 책임이 면제되지는 아니한다. | ① 대통령·헌법재판소 재판관·법관 기타 법률이 정한 공무원이 그 직무집행에 있어서 헌법이나 법률을 위배한 때에는 국회는 탄핵의 소추를 의결할 수 있다.<br>② 좌동<br>③ 탄핵소추의 의결을 받은 자는 헌법재판소의 탄핵 결정이 있을 때까지 그 권한 행사가 정지되지 아니한다. 다만 헌법재판소는 탄핵소추의 의결을 받은 자가 헌법이나 법률을 고의로 위배한 책임이 있다고 확인하면 가처분으로 권한 행사를 정지시키는 결정을 할 수 있다.<br>④ 좌동 | -제1항: 의원내각제에서는 국무총리에 대한 국회의 불신임권이 있기 때문에 탄핵의 대상은 대통령·헌법재판소 재판관·법관 기타 법률이 정한 공무원에만 한정됨.<br>-제3항: 미국, 독일 등 대부분의 국가에 없는 현행 탄핵소추 후의 직무 자동정지 조항을 독일기본법처럼 헌법재판소의 직무 정지 가처분 결정에 맡기는 방식으로 수정함. 독일기본법 제61조 제2항 참조. |
| 제4장 정부<br>제1절 대통령 | 제4장 내통령 | -의원내각제 권력 구조에 맞추어 대통령을 정부에서 분리하여 독립된 제4장으로 함 |
| 제66조 ① 대통령은 국가의 원수이며, 외국에 대하여 국가를 대표한다.<br>② 대통령은 국가의 독립·영토의 보전·국가의 계속성과 헌법을 수호할 책무를 진다.<br>③ 대통령은 조국의 평화적 통일을 위한 성실한 의무를 진다.<br>④ 행정권은 대통령을 수반으로 하는 정부에 속한다. | ①-③ 좌동<br>④ 삭제 | -의원내각제의 정부수반은 국무총리이므로 제4항 삭제 |

| | | |
|---|---|---|
| 제67조 ① 대통령은 국민의 보통·평등·직접·비밀선거에 의하여 선출한다.<br>② 제1항의 선거에 있어서 최고득표자가 2인 이상인 때에는 국회의 재적의원 과반수가 출석한 공개회의에서 다수표를 얻은 자를 당선자로 한다.<br>③ 대통령 후보자가 1인일 때에는 그 득표수가 선거권자 총수의 3분의 1 이상이 아니면 대통령으로 당선될 수 없다.<br>④ 대통령으로 선거될 수 있는 자는 국회의원의 피선거권이 있고 선거일 현재 40세에 달하여야 한다.<br>⑤ 대통령의 선거에 관한 사항은 법률로 정한다. | ① 좌동<br>② 제1항의 선거에 있어서 1차 투표에서 과반 득표자가 없을 때에는 상위 2인에 대해 30일 이내에 2차 투표를 실시하여 다수표를 얻은 자를 당선자로 한다. 1차 투표에서 최고 득표자가 2인 이상인 때에는 최고 득표자 모두가 2차 투표의 후보자가 되며 최다수표를 얻은 자를 당선자로 한다.<br>③ 대통령 후보자가 1인일 때에는 그 득표수가 선거권자 총수의 2분의 1 이상이 아니면 대통령으로 당선될 수 없다.<br>④ 좌동<br>⑤ 대통령으로 당선된 자는 당적을 보유할 수 없다.<br>⑥(⑤) 좌동 | -제1항: 제2공화국 헌법에서는 대통령이 민의원과 참의원의 양원합동회의에서 선출되었지만 대통령직선제를 유지함.<br>-제2항: 기존의 제2항을 삭제하고 2차 투표(결선투표)제 도입<br>-제3항: 기존의 3분의 1을 2분의 1로 수정<br>-제5항: 대통령의 초당적 역할을 위해 당선 후 당적 보유 금지 |
| 제68조 ① 대통령의 임기가 만료되는 때에는 임기 만료 70일 내지 40일 전에 후임자를 선거한다.<br>② 대통령이 궐위된 때 또는 대통령 당선자가 사망하거나 판결 기타의 사유로 그 자격을 상실한 때에는 60일 이내에 후임자를 선거한다. | ① 좌동<br>② 좌동 | |
| 제69조 대통령은 취임에 즈음하여 다음의 선서를 한다. "나는 헌법을 준수하고 국가를 보위하며 조국의 평화적 통일과 국민의 자유와 복리의 증진 및 민족문화의 창달에 노력하여 대통령으로서의 직책을 성실히 수행할 것을 국민 앞에 엄숙히 선서합니다." | 좌동 | |
| 제70조 대통령의 임기는 5년으로 하며, 중임할 수 없다. | 대통령의 임기는 5년으로 하며, 1차에 한하여 중임할 수 있다. | -중임 금지 조항을 1회 중임 허용 조항으로 수정. 의원내각제 대통령의 5년 임기 1회 중임제는 제2공화국 헌법과 독일기본법에도 같음. |
| 제71조 대통령이 궐위되거나 사고로 인하여 직무를 수행할 수 없을 때에는 국무총리, 법률이 정한 국무위원의 순서로 그 권한을 대행한다. | 대통령이 궐위되거나 사고로 인하여 직무를 수행할 수 없을 때에는 국회의장, 국무총리, 법률이 정한 국무위원의 순서로 그 권한을 대행한다. | -의원내각제 취지에 따라 제2공화국 헌법처럼 국회의장을 1순위로 함. |

| | | |
|---|---|---|
| 제72조 대통령은 필요하다고 인정할 때에는 외교·국방·통일 기타 국가 안위에 관한 중요 정책을 국민투표에 부칠 수 있다. | 대통령은 정부의 제안에 따라 외교·국방·통일 기타 국가 안위에 관한 중요 정책을 국민투표에 붙일 수 있다. | -의원내각제 취지에 따라 정부가 제안한 것에 한하여(고딕체 부분 참조) 국민투표에 붙이는 권한 부여 |
| 제73조 대통령은 조약을 체결·비준하고, 외교사절을 신임·접수 또는 파견하며, 선전포고와 강화를 한다. | 대통령은 정부의 제안에 따라 조약을 체결·비준하고, 외교사절을 신임·접수 또는 파견하며, 선전포고와 강화를 한다. | -의원내각제의 취지에 따라 고딕체 부분을 추가 |
| 제74조 ① 대통령은 헌법과 법률이 정하는 바에 의하여 국군을 통수한다.<br>② 국군의 조직과 편성은 법률로 정한다. | ① 대통령은 헌법과 법률의 규정 및 정부의 제안에 따라 국군을 통수한다.<br>② 좌동 | -제1항: 대통령의 국군통수권은 제2공화국 헌법과 제6공화국 헌법에 동일하게 있지만 고딕체 부분은 없음. 고딕체 부분은 의원내각제 취지에 더욱 충실하기 위해 핀란드 헌법을 참조하여 보완한 것임. 핀란드 헌법 제58조, 제128조, 제129조 참조 |
| 제75조 대통령은 법률에서 구체적으로 범위를 정하여 위임받은 사항과 법률을 집행하기 위하여 필요한 사항에 관하여 대통령령을 발할 수 있다. | 대통령은 법률에서 구체적으로 범위를 정하여 위임받은 사항과 법률을 집행하기 위하여 필요한 사항에 관하여 정부의 제안에 따라 대통령령을 발할 수 있다. | -의원내각제 취지에 따라 고딕체 부분을 추가함. |
| 제76조 ① 대통령은 내우·외환·천재·지변 또는 중대한 재정·경제상의 위기에 있어서 국가의 안전보장 또는 공공의 안녕질서를 유지하기 위하여 긴급한 조치가 필요하고 국회의 집회를 기다릴 여유가 없을 때에 한하여 최소한으로 필요한 재정·경제상의 처분을 하거나 이에 관하여 법률의 효력을 가지는 명령을 발할 수 있다.<br>② 대통령은 국가의 안위에 관계되는 중대한 교전상태에 있어서 국가를 보위하기 위하여 긴급한 조치가 필요하고 국회의 집회가 불가능한 때에 한하여 법률의 효력을 가지는 명령을 발할 수 있다. | ① 대통령은 내우·외환·천재·지변 또는 중대한 재정·경제상의 위기에 있어서 국가의 안전보장 또는 공공의 안녕질서를 유지하기 위하여 긴급한 조치가 필요하고 국회의 집회를 기다릴 여유가 없을 때에 한하여 최소한으로 국무회의의 의결에 의하여 필요한 재정·경제상의 처분을 할 수 있다.<br>② 제1항의 처분을 집행하기 위하여 필요한 때에는 국무총리는 법률의 효력을 가지는 명령을 발할 수 있다. | -제1항: 제2공화국 헌법 제57조 제1항 참조<br>-제2항: 기존의 제1항 뒷부분을 보완하여 제2항으로 분리. 제2공화국 헌법 제57조 제1항 참조<br>-제3항: 의원내각제 취지에 맞추어 고딕체 부분을 추가함<br>-제6항: 의원내각제 취지에 따라 국무총리 추가 |

| | | |
|---|---|---|
| ③ 대통령은 제1항과 제2항의 처분 또는 명령을 한 때에는 지체 없이 국회에 보고하여 그 승인을 얻어야 한다.<br>④ 제3항의 승인을 얻지 못한 때에는 그 처분 또는 명령은 그때부터 효력을 상실한다. 이 경우 그 명령에 의하여 개정 또는 폐지되었던 법률은 그 명령이 승인을 얻지 못한 때부터 당연히 효력을 회복한다.<br>⑤ 대통령은 제3항과 제4항의 사유를 지체 없이 공포하여야 한다. | ③ 대통령은 국가의 안위에 관계되는 중대한 교전상태에 있어서 국가를 보위하기 위하여 긴급한 조치가 필요하고 국회의 집회가 불가능한 때에 한하여 정부의 제안에 따라 법률의 효력을 가지는 명령을 국무총리로 하여금 발하게 할 수 있다.<br>④ 제1항과 제2항과 제3항의 처분 또는 명령은 지체없이 국회에 보고하여 그 승인을 얻어야 한다.<br>⑤ 제4항의 승인을 얻지 못한 때에는 그 처분 또는 명령은 그때부터 효력을 상실한다. 이 경우 그 명령에 의하여 개정 또는 폐지되었던 법률은 그 명령이 승인을 얻지 못한 때부터 당연히 효력을 회복한다.<br>⑥ 대통령과 국무총리는 제4항과 제5항의 사유를 지체없이 공포하여야 한다. | |
| 제77조 ① 대통령은 전시·사변 또는 이에 준하는 국가비상사태에 있어서 병력으로써 군사상의 필요에 응하거나 공공의 안녕질서를 유지할 필요가 있을 때에는 법률이 정하는 바에 의하여 계엄을 선포할 수 있다.<br>② 계엄은 비상계엄과 경비계엄으로 한다.<br>③ 비상계엄이 선포된 때에는 법률이 정하는 바에 의하여 영장 제도, 언론·출판·집회·결사의 자유, 정부나 법원의 권한에 관하여 특별한 조치를 할 수 있다.<br>④ 계엄을 선포한 때에는 대통령은 지체 없이 국회에 통고하여야 한다.<br>⑤ 국회가 재적의원 과반수의 찬성으로 계엄의 해제를 요구한 때에는 대통령은 이를 해제하여야 한다. | ① 대통령은 전시로 인한 국가비상사태에 있어서 병력으로써 군사상의 필요에 응하거나 공공의 안녕질서를 유지할 필요가 있을 때에는 국무회의의 의결을 거치고 국회의 동의를 얻어 법률이 정하는 바에 의하여 계엄을 선포할 수 있다. 다만 국회의 집회를 기다릴 여유가 없는 긴박한 상황에 한하여 대통령은 국무회의의 의결에 의하여 계엄을 선포한 직후 지체없이 국회에 통고하여야 한다.<br>②-③ 좌동<br>④ (제1항으로 이동)<br>⑤(④) 좌동 | -제1항: 계엄 요건 및 절차 강화, 제4항을 이동. 대통령의 계엄선포권은 제2공화국 헌법 제64조에 있음.<br>-제4항: 기존 제4항의 이동으로 제5항을 제4항으로 변경함. |

| | | |
|---|---|---|
| 제78조 대통령은 헌법과 법률이 정하는 바에 의하여 공무원을 임면한다. | 대통령은 헌법과 법률이 정하는 바에 의하여 정부의 제안에 따라 공무원의 임면을 확인한다. | -의원내각제의 취지를 살려 제2공화국 헌법을 참조하여 수정함 |
| 제79조 ① 대통령은 법률이 정하는 바에 의하여 사면·감형 또는 복권을 명할 수 있다.<br>② 일반사면을 명하려면 국회의 동의를 얻어야 한다.<br>③ 사면·감형 및 복권에 관한 사항은 법률로 정한다. | ① 대통령은 법률이 정하는 바에 의하여 정부의 제안에 따라 사면·감형 또는 복권을 명할 수 있다.<br>②-③ 좌동 | -제1항: 의원내각제의 취지를 살려 제2공화국 헌법을 참조하여 수정함 |
| 제80조 대통령은 법률이 정하는 바에 의하여 훈장 기타의 영전을 수여한다. | 대통령은 법률이 정하는 바에 의하여 정부의 제안에 따라 훈장 기타의 영전을 수여한다. | -의원내각제 취지에 맞추어 고딕체 부분을 추가함. |
| 제81조 대통령은 국회에 출석하여 발언하거나 서한으로 의견을 표시할 수 있다. | 좌동 | |
| 제82조 대통령의 국법상 행위는 문서로써 하며, 이 문서에는 국무총리와 관계 국무위원이 부서한다. 군사에 관한 것도 또한 같다. | 대통령의 국무에 관한 행위는 문서로 하여야 하며 모든 문서에는 국무총리와 관계 국무위원의 부서가 있어야 한다. 군사에 관한 것도 또한 같다. | -제2공화국 헌법 제66조의 표현으로 바꿈. 실질적인 내용은 거의 같음. |
| 제83조 대통령은 국무총리·국무위원·행정 각부의 장 기타 법률이 정하는 공사의 직을 겸할 수 없다. | 좌동 | |
| 제84조 대통령은 내란 또는 외환의 죄를 범한 경우를 제외하고는 재직 중 형사상의 소추를 받지 아니한다. | 좌동 | |
| 제85조 전직 대통령의 신분과 예우에 관하여는 법률로 정한다. | 좌동 | |
| 제2절 행정부 | 제5장 정부 | 의원내각제 권력 구조에 맞추어 정부를 제5장으로 함. |
| 제1관 국무총리와 국무위원<br>제2관 국무회의 | 제1절 국무원 | 기존 제1관과 제2관을 통합. 제헌헌법 및 제2공화국 헌법의 명칭인 '국무원'을 사용함. |

| | | |
|---|---|---|
| 제86조 ① 국무총리는 국회의 동의를 얻어 대통령이 임명한다.<br>② 국무총리는 대통령을 보좌하며, 행정에 관하여 대통령의 명을 받아 행정 각부를 통할한다.<br>③ 군인은 현역을 면한 후가 아니면 국무총리로 임명될 수 없다. | ① 행정권은 국무원에 속한다.<br>② 국무원은 국무총리와 15인 이상 30인 이하의 국무위원으로 구성한다.<br>③ 국무원은 국회에 대하여 연대책임을 진다. 국무원은 국회에서 국무총리에 대한 불신임이 성립된 때에는 총사직하여야 한다.<br>④ 국회의 국무총리에 대한 불신임은 국무총리가 재적의원 과반수의 신임을 획득하지 못한 경우 성립한다.<br>⑤ 국무원은 국무총리가 궐위되거나 국회의원 총선거 후 처음으로 국회가 집회한 때에는 총사직하여야 한다. | -기존 제1항-제3항 삭제(국무총리에 대해서는 제87조에서 규정함).<br>-제1항: 제2공화국 헌법 제68조 제1항.<br>-제2항: 의원내각제 취지에 따라 국무원 구성에서 대통령 삭제. 독일기본법 제62조 참조. (기존 제88조 제2항을 이동함).<br>-제3항: 제2공화국 헌법 제68조 제3항과 제71조 제1항.<br>-제4항: 제2공화국 헌법 제71조 제3항 표현 수정.<br>-제5항: 제2공화국 헌법 제71조 제5항. |
| 제87조 ① 국무위원은 국무총리의 제청으로 대통령이 임명한다.<br>② 국무위원은 국정에 관하여 대통령을 보좌하며, 국무회의 구성원으로서 국정을 심의한다.<br>③ 국무총리는 국무위원의 해임을 대통령에게 건의할 수 있다.<br>④ 군인은 현역을 면한 후가 아니면 국무위원으로 임명될 수 없다. | ① 국무총리는 국회 다수당의 대표자를 대통령이 지명하여 국회의 동의를 얻어 선출한 후, 대통령이 임명한다. 다만 대통령이 국회에서 동의를 얻지 못한 날로부터 5일 이내에 다시 지명하지 아니하거나 2차에 걸쳐 국회가 대통령의 지명에 동의를 하지 아니한 때에는 국무총리는 국회에서 이를 선거한다.<br>② 제1항의 동의나 선거는 국회의원 재적 과반수의 찬성을 얻어야 한다.<br>③ 대통령이 국무총리를 지명한 때에는 국회는 그 지명을 받은 때부터 24시간 이후 48시간 이내에 동의에 대한 표결을 하여야 하며 제1항 단서에 의하여 국무총리를 선거할 때에는 그 사유가 발생한 날로부터 5일 이내에 선거를 하여야 한다. 5일 이내에 실시한 선거에서 국회의원 재적 과반수의 찬성을 얻은 자가 나오지 않으면 지체 없이 새로운 투표를 실시한다. 이 경우 가장 많은 표를 얻은 자를 당선자로 한다.<br>④ 대통령은 국회의원 총선거 후 처음으로 국회가 집회한 날로부터 5일 이내에 국무총리를 지명하여야 한다. | -기존 제1항-제4항 삭제 (국무위원에 대해서는 제88조에서 규정함).<br>-제1항: 제2공화국 헌법 제69조 제1항. 대통령의 자의적 지명을 없애기 위해 '국회 다수당의 대표자' 문구 삽입.<br>-제2항: 제2공화국 헌법 제69조 제2항.<br>-제3항: 제2공화국 헌법 제69조 제3항. 핀란드 헌법 제61조.<br>-제4항: 제2공화국 헌법 제69조 제4항.<br>-제5항: 기존 제86조 제3항을 이동함.<br>-제6항-제9항: 제2공화국 헌법 제70조 제1항-제4항. 제6항은 의원내각제 취지에 맞추어 국무총리가 국무회의의 의장이 됨(기존 제88조 제3항을 수정함).<br>-제10항: 독일기본법 제68조 제1항을 참조했음. |

|  |  |  |
|---|---|---|
|  | ⑤ 군인은 현역을 면한 후가 아니면 국무총리로 임명될 수 없다.<br>⑥ 국무총리는 국무회의의 의장이 된다.<br>⑦ 국무총리는 법률에서 일정한 범위를 정하여 위임을 받은 사항과 법률을 실시하기 위하여 필요한 사항에 관하여 국무회의의 의결을 거쳐 국무원령을 발할 수 있다.<br>⑧ 국무총리는 국무원을 대표하여 의안을 국회에 제출하고 정부 각부를 지휘감독한다.<br>⑨ 국무총리가 사고로 인하여 직무를 수행할 수 없을 때에는 법률의 정하는 순위에 따라 국무위원이 그 권한을 대행한다.<br>⑩ 신임을 요구하는 국무총리의 동의가 국회 재적의원의 과반수의 찬성을 얻지 못하면 대통령은 국무총리의 제청으로 21일 내에 국회를 해산시킬 수 있다. 국회가 그 재적의원의 과반수로써 다른 국무총리를 선출하면 해산권은 즉시 소멸된다. |  |
| 제88조 ① 국무회의는 정부의 권한에 속하는 중요한 정책을 심의한다.<br>② 국무회의는 대통령·국무총리와 15인 이상 30인 이하의 국무위원으로 구성한다.<br>③ 대통령은 국무회의의 의장이 되고, 국무총리는 부의장이 된다. | ① 국무위원은 국무총리가 임면(任免)하고 대통령이 이를 확인한다.<br>② 국무총리와 국무위원의 과반수는 국회의원이어야 한다. 다만 국회가 해산된 때에는 예외로 한다.<br>③ 국무위원의 직은 국무총리의 직이 끝나면 함께 종료한다.<br>④ 국무총리는 대통령의 요청으로, 국무위원은 국무총리나 대통령의 요청으로 후임자가 임명될 때까지 그 사무를 계속 처리할 의무를 진다.<br>⑤ 군인은 현역을 면한 후가 아니면 국무위원으로 임명될 수 없다. | -기존 제1항은 제89조로, 기존 제2항은 일부 수정하여 제86조 제2항으로, 기존 제3항은 일부 수정하여 제87조 제6항으로 이동함.<br>-제1항: 제2공화국 헌법 제69조 제5항.<br>-제2항: 제2공화국 헌법 제69조 제6항.<br>-제3항: 독일기본법 제69조 제2항.<br>-제4항: 독일기본법 제69조 제3항.<br>-제5항: 기존 제87조 제4항을 이동함. |

| | | |
|---|---|---|
| 제89조 다음 사항은 국무회의의 심의를 거쳐야 한다.<br>1. 국정의 기본 계획과 정부의 일반정책<br>2. 선전·강화 기타 중요한 대외정책<br>3. 헌법개정안·국민투표안·조약안·법률안 및 대통령령안<br>4. 예산안·결산·국유재산 처분의 기본 계획·국가의 부담이 될 계약 기타 재정에 관한 중요 사항<br>5. 대통령의 긴급명령·긴급재정경제처분 및 명령 또는 계엄과 그 해제<br>6. 군사에 관한 중요 사항<br>7. 국회의 임시회 집회의 요구<br>8. 영전 수여<br>9. 사면·감형과 복권<br>10. 행정 각부 간의 권한의 획정<br>11. 정부안의 권한의 위임 또는 배정에 관한 기본 계획<br>12. 국정 처리 상황의 평가·분석<br>13. 행정 각부의 중요한 정책의 수립과 조정<br>14. 정당 해산의 제소<br>15. 정부에 제출 또는 회부된 정부의 정책에 관계되는 청원의 심사<br>16. 검찰총장·합동참모의장·각 군 참모총장·국립대학교 총장·대사 기타 법률이 정한 공무원과 국영기업체 관리자의 임명<br>17. 기타 대통령·국무총리 또는 국무위원이 제출한 사항 | ① 국무회의는 제86조 제2항의 국무원의 국무총리와 국무위원으로 구성한다.<br>② 국무회의는 정부의 권한에 속하는 중요한 정책을 심의·의결한다.<br>③ 다음 사항은 국무회의의 심의·의결을 거쳐야 한다.<br>1-2. 좌동<br>3. 헌법개정안·국민투표안·조약안·법률안·대통령령안 및 국무원령안<br>4. 좌동<br>5. 대통령의 긴급명령·긴급재정경제처분 및 명령 또는 계엄과 그 해제, 그리고 국무총리의 긴급재정경제명령<br>6-9. 좌동<br>10. 정부 각부 간의 권한의 확정<br>11-12. 좌동<br>13. 정부 각부의 중요한 정책의 수립과 조정<br>14. 국회해산과 국무원 총사직에 관한 사항<br>15-18. 기존의 14-17호를 각각 15-18호로 이동함. | -제1항: 기존 제88조 제2항을 수정하여 이동<br>-제2항: 기존 제88조 제1항을 문구 추가하여 이동함.<br>-제3항: 기존 제89조 문구 추가하여 이동함.<br>-의원내각제 취지에 맞추어 3, 5호의 고딕체 부분 추가 및 14호 신설. 14호는 제2공화국 헌법 제72조 제13항. |

| | | |
|---|---|---|
| 제90조 ① 국정의 중요한 사항에 관한 대통령의 자문에 응하기 위하여 국가 원로로 구성되는 국가원로자문회의를 둘 수 있다.<br>② 국가원로자문회의의 의장은 직전 대통령이 된다. 다만 직전 대통령이 없을 때에는 대통령이 지명한다.<br>③ 국가원로자문회의의 조직·직무 범위 기타 필요한 사항은 법률로 정한다. | ① 국정의 중요한 사항에 관한 국무원의 자문에 응하기 위하여 국가원로로 구성되는 국가원로자문회의를 둘 수 있다.<br>② 삭제<br>③(②) 좌동 | -제1항: 의원내각제 취지에 맞추어 고딕체 부분 수정.<br>-제2항: 기존 제2항을 삭제하고 제3항을 제2항으로 이동함. |
| 제91조 ① 국가안전보장에 관련되는 대외정책·군사정책과 국내정책의 수립에 관하여 국무회의의 심의에 앞서 대통령의 자문에 응하기 위하여 국가안전보장회의를 둔다.<br>② 국가안전보장회의는 대통령이 주재한다.<br>③ 국가안전보장회의의 조직·직무 범위 기타 필요한 사항은 법률로 정한다. | ① 국가안전보장에 관련되는 대외정책·군사정책과 국내정책의 수립에 관하여 국무회의의 심의에 앞서 국무원의 자문에 응하기 위하여 국가안전보장회의를 둔다.<br>② 국가안전보장회의는 국무총리가 주재한다.<br>③ 좌동 | -제1항: 의원내각제 취지에 맞추어 고딕체 부분 수정.<br>-제2항: 의원내각제 취지에 맞추어 고딕체 부분 수정. |
| 제92조 ① 평화통일정책의 수립에 관한 대통령의 자문에 응하기 위하여 민주평화통일자문회의를 둘 수 있다.<br>② 민주평화통일자문회의의 조직·직무 범위 기타 필요한 사항은 법률로 정한다. | ① 평화통일정책의 수립에 관한 국무원의 자문에 응하기 위하여 민주평화통일자문회의를 둘 수 있다.<br>② 좌동 | -제1항: 의원내각제 취지에 맞추어 고딕체 부분 수정. |
| 제93조 ① 국민경제의 발전을 위한 중요 정책의 수립에 관하여 대통령의 자문에 응하기 위하여 국민경제자문회의를 둘 수 있다.<br>② 국민경제자문회의의 조직·직무 범위 기타 필요한 사항은 법률로 정한다. | ① 국민경제의 발전을 위한 중요정책의 수립에 관하여 국무원의 자문에 응하기 위하여 국민경제자문회의를 둘 수 있다.<br>② 좌동 | -제1항: 의원내각제 취지에 맞추어 고딕체 부분 수정. |
| 제3관 행정 각부 | 제2절 정부 각부 | |
| 제94조 행정 각부의 장은 국무위원 중에서 국무총리의 제청으로 대통령이 임명한다. | 정부 각부의 장은 국무위원이어야 하며 국무총리가 임면한다. | -제2공화국 헌법 제73조. |

| | | |
|---|---|---|
| 제95조 국무총리 또는 행정 각부의 장은 소관 사무에 관하여 법률이나 대통령령의 위임 또는 직권으로 총리령 또는 부령을 발할 수 있다. | 국무총리 또는 정부 각부의 장은 소관 사무에 관하여 법률이나 직권으로 국무원령 또는 부령을 발할 수 있다. | -의원내각제 취지에 맞추어 고딕체 부분 수정. |
| 제96조 행정 각부의 설치·조직과 직무 범위는 법률로 정한다. | 좌동 | |
| 제4관 감사원 | 제9장 감사원 | |
| 제97조 국가의 세입·세출의 결산, 국가 및 법률이 정한 단체의 회계검사와 행정기관 및 공무원의 직무에 관한 감찰을 하기 위하여 대통령 소속하에 감사원을 둔다. | 국가의 세입·세출의 결산, 국가 및 법률이 정한 단체의 회계검사와 정부기관 및 공무원의 직무에 관한 감찰을 하기 위하여 독립된 헌법기관으로 감사원을 둔다. | -별도의 헌법기관으로 둠으로써 제6장 법원, 제7장 헌법재판소, 제8장 선거관리에 이어 제9장 감사원으로 별도의 장을 만들어 그곳으로 이동. |
| 제98조 ① 감사원은 원장을 포함한 5인 이상 11인 이하의 감사위원으로 구성한다.<br>② 원장은 국회의 동의를 얻어 대통령이 임명하고, 그 임기는 4년으로 하며, 1차에 한하여 중임할 수 있다.<br>③ 감사위원은 원장의 제청으로 대통령이 임명하고, 그 임기는 4년으로 하며, 1차에 한하여 중임할 수 있다. | ① 좌동<br>② 원장은 국회의 제청으로 대통령이 임명하고, 그 임기는 4년으로 하며, 1차에 한하여 중임할 수 있다.<br>③ 좌동 | -제2항: 원장 임명 과정을 대통령이 아닌 국회가 주도하게 함. 대통령은 형식적인 역할. |
| 제99조 감사원은 세입·세출의 결산을 매년 검사하여 대통령과 차년도 국회에 그 결과를 보고하여야 한다. | 감사원은 세입·세출의 결산을 매년 검사하여 정부와 국회에 그 결과를 보고하여야 한다. | -의원내각제 취지에 맞추어 보고 대상에서 대통령을 정부로 교체. |
| 제100조 감사원의 조직·직무범위·감사위원의 자격·감사대상 공무원의 범위 기타 필요한 사항은 법률로 정한다. | 좌동 | |

## 2. 대한민국 제7공화국 헌법안(국회, 대통령, 정부)
   (고딕체는 개정 부분)

### 제3장 국회

제40조 입법권은 국회에 속한다.

제41조 ① 국회는 국민의 보통·평등·직접·비밀선거에 의하여 선출된 국회의원으로 구성한다.
② 국회의원의 수는 법률로 정하되, 300인 이상으로 한다. 다만 비례대표 국회의원의 수가 지역구 국회의원 수의 절반보다 적지 않아야 한다.
③ 국회의원의 선거구와 비례대표제 기타 선거에 관한 사항은 법률로 정한다. 다만 비례대표제의 취지에 반하는 선거용 위성정당의 설립은 허용되어서는 안 된다.

제42조 ① 국회의원의 임기는 4년으로 한다. 다만 국회가 해산된 때에는 그 임기는 제47조 제1항의 국회의원 총선거일까지로 한다.
② 국민은 국회의원을 소환할 권리를 가진다. 국민소환의 투표 청구권자·청구요건·절차 및 효력 등에 관한 사항은 따로 법률로 정한다.

제43조 국회의원은 법률이 정하는 직을 겸할 수 없다.

제44조 ① 국회의원은 현행범인인 경우를 제외하고는 회기 중 국회의 동의 없이 체포 또는 구금되지 아니한다.
② 국회의원이 회기 전에 체포 또는 구금된 때에는 현행범인이 아닌 한 국회의 요구가 있으면 회기 중 석방된다.
③ 제1항의 국회 동의와 제2항의 국회 요구를 위해서는 기명투표를 통한 국회재적의원 과반수의 찬성이 있어야 한다.

제45조 국회의원은 국회에서 직무상 행한 발언과 표결에 관하여 국회 외에서 책임을 지지 아니한다.

제46조 ① 국회의원은 청렴의 의무가 있다.
② 국회의원은 국가이익을 우선하여 양심에 따라 직무를 행한다.
③ 국회의원은 그 지위를 남용하여 국가·공공단체 또는 기업체와의 계약이나 그 처분에 의하여 재산상의 권리·이익 또는 직위를 취득하거나 타인을 위하여 그 취득을 알선할 수 없다.

제47조 ① 국회의원 총선거는 4년마다 이뤄진다. 국회가 해산된 때에는 해산된 날로부터 20일 이후 30일 이내에 국회의원의 총선거를 실시하여야 한다.
② 국회는 국회의원 총선거 후 30일 이내에 개회하여야 한다.
③ 국회 회기의 종료와 재개는 국회가 정한다. 국회의장은 직권으로 국회를 소집할 수 있다. 또한 국회의장은 국회재적의원 4분의 1 또는 국무총리가 요구하면 국회를 소집해야 한다.

제48조 국회는 의장 1인과 부의장 2인을 선출한다.

제49조 국회는 헌법 또는 법률에 특별한 규정이 없는 한 재적의원 과반수의 출석과 출석의원 과반수의 찬성으로 의결한다. 가부 동수인 때에는 부결된 것으로 본다.

제50조 ① 국회의 회의는 공개한다. 다만 출석의원 과반수의 찬성이 있거나 의장이 국가의 안전보장을 위하여 필요하다고 인정할 때에는 공개하지 아니할 수 있다.
② 공개하지 아니한 회의 내용의 공표에 관하여는 법률이 정하는 바에 의한다.

제51조 국회에 제출된 법률안 기타의 의안은 회기 중에 의결되지 못한 이유로 폐기되지 아니한다. 다만 국회의원의 임기가 만료된 때에는 그러하지 아니하다.

제52조 국회의원과 정부는 법률안을 제출할 수 있다.

제53조 ① 국회에서 의결된 법률안은 정부에 이송되어 국무총리의 제안에 따라 15일 이내에 대통령이 공포한다.
② 법률은 특별한 규정이 없는 한 공포한 날로부터 20일이 경과함으

로써 효력이 발생한다.

제54조 ① 국회는 국가의 예산결산안을 심의·확정한다.
② 정부는 회계연도마다 예산안을 편성하여 회계연도 개시 90일 전까지 국회에 제출하고, 국회는 회계연도 개시 30일 전까지 이를 의결하여야 한다.
③ 새로운 회계연도가 개시될 때까지 예산안이 의결되지 못한 때에는 정부는 국회에서 예산안이 의결될 때까지 다음의 목적을 위한 경비는 전년도 예산에 준하여 집행할 수 있다.
1. 헌법이나 법률에 의하여 설치된 기관 또는 시설의 유지·운영
2. 법률상 지출 의무의 이행
3. 이미 예산으로 승인된 사업의 계속

제55조 ① 한 회계연도를 넘어 계속하여 지출할 필요가 있을 때에는 정부는 연한을 정하여 계속비로서 국회의 의결을 얻어야 한다.
② 예비비는 총액으로 국회의 의결을 얻어야 한다. 예비비의 지출은 차기 국회의 승인을 얻어야 한다.

제56조 정부는 예산에 변경을 가할 필요가 있을 때에는 추가경정예산안을 편성하여 국회에 제출할 수 있다.

제57조 국회는 정부의 동의 없이 정부가 제출한 지출예산 각항의

금액을 증가하거나 새 비목을 설치할 수 없다.

제58조 국채를 모집하거나 예산 외에 국가의 부담이 될 계약을 체결하려 할 때에는 정부는 미리 국회의 의결을 얻어야 한다.

제59조 조세의 종목과 세율은 법률로 정한다.

제60조 ① 국회는 상호원조 또는 안전보장에 관한 조약, 중요한 국제조직에 관한 조약, 우호통상항해조약, 주권의 제약에 관한 조약, 강화조약, 국가나 국민에게 중대한 재정적 부담을 지우는 조약 또는 입법사항에 관한 조약의 체결·비준에 대한 동의권을 가진다.
② 국회는 선전포고, 국군의 외국에의 파견 또는 외국 군대의 대한민국 영역 안에서의 주류에 대한 동의권을 가진다.

제61조 ① 국회는 국정을 감사하거나 특정한 국정 사안에 대하여 조사할 수 있으며, 이에 필요한 서류의 제출 또는 증인의 출석과 증언이나 의견의 진술을 요구할 수 있다.
② 국정감사 및 조사에 관한 절차 기타 필요한 사항은 법률로 정한다.

제62조 ① 국무총리·국무위원 또는 정부위원은 국회나 그 위원회에 출석하여 국정 처리 상황을 보고하거나 의견을 진술하고 질문에

응답할 수 있다.

② 국회나 그 위원회의 요구가 있을 때에는 국무총리·국무위원 또는 정부위원은 출석·답변하여야 하며, 국무총리 또는 국무위원이 출석요구를 받은 때에는 국무위원 또는 정부위원으로 하여금 출석·답변하게 할 수 있다.

제63조 국회는 그 재적의원의 과반수의 찬성으로 국무총리 후임자를 선출하고 대통령에게 국무총리의 해임을 요청하는 방법으로만 국무총리에 대한 불신임을 표명할 수 있다. 대통령은 이 요청에 따라야 하고 국회가 새로 선출한 자를 국무총리로 임명해야 한다.

제64조 ① 국회는 법률에 저촉되지 아니하는 범위 안에서 의사와 내부 규율에 관한 규칙을 제정할 수 있다.
② 국회는 의원의 자격을 심사하며, 의원을 징계할 수 있다.
③ 의원을 제명하려면 국회재적의원 3분의 2 이상의 찬성이 있어야 한다.
④ 제2항과 제3항의 처분에 대하여는 법원에 제소할 수 없다.

제65조 ① 대통령·헌법재판소 재판관·법관 기타 법률이 정한 공무원이 그 직무집행에 있어서 헌법이나 법률을 위배한 때에는 국회는 탄핵의 소추를 의결할 수 있다.
② 제1항의 탄핵소추는 국회재적의원 3분의 1 이상의 발의가 있어야

하며, 그 의결은 국회재적의원 과반수의 찬성이 있어야 한다. 다만 대통령에 대한 탄핵소추는 국회재적의원 과반수의 발의와 국회재적의원 3분의 2 이상의 찬성이 있어야 한다.

③ 탄핵소추의 의결을 받은 자는 헌법재판소의 탄핵 결정이 있을 때까지 그 권한 행사가 정지되지 아니한다. 다만 헌법재판소는 탄핵소추의 의결을 받은 자가 헌법이나 법률을 고의로 위배한 책임이 있다고 확인하면 가처분으로 권한 행사를 정지시키는 결정을 할 수 있다.

④ 탄핵 결정은 공직으로부터 파면함에 그친다. 그러나 이에 의하여 민사상이나 형사상의 책임이 면제되지는 아니한다.

### 제4장 대통령

제66조 ① 대통령은 국가의 원수이며, 외국에 대하여 국가를 대표한다.

② 대통령은 국가의 독립·영토의 보전·국가의 계속성과 헌법을 수호할 책무를 진다.

③ 대통령은 조국의 평화적 통일을 위한 성실한 의무를 진다.

제67조 ① 대통령은 국민의 보통·평등·직접·비밀선거에 의하여 선출한다.

② 제1항의 선거에 있어서 1차 투표에서 과반 득표자가 없을 때에는 상위 2인에 대해 30일 이내에 2차 투표를 실시하여 다수표를 얻은 자를 당선자로 한

다. 1차 투표에서 최고 득표자가 2인 이상인 때에는 최고 득표자 모두가 2차 투표의 후보자가 되며 최다수표를 얻은 자를 당선자로 한다.

③ 대통령 후보자가 1인일 때에는 그 득표수가 선거권자 총수의 2분의 1 이상이 아니면 대통령으로 당선될 수 없다.

④ 대통령으로 선거될 수 있는 자는 국회의원의 피선거권이 있고 선거일 현재 40세에 달하여야 한다.

⑤ 대통령으로 당선된 자는 당적을 보유할 수 없다.

⑥ 대통령의 선거에 관한 사항은 법률로 정한다.

제68조 ① 대통령의 임기가 만료되는 때에는 임기 만료 70일 내지 40일 전에 후임자를 선거한다.

② 대통령이 궐위된 때 또는 대통령 당선자가 사망하거나 판결 기타의 사유로 그 자격을 상실한 때에는 60일 이내에 후임자를 선거한다.

제69조 대통령은 취임에 즈음하여 다음의 선서를 한다. "나는 헌법을 준수하고 국가를 보위하며 조국의 평화적 통일과 국민의 자유와 복리의 증진 및 민족문화의 창달에 노력하여 대통령으로서의 직책을 성실히 수행할 것을 국민 앞에 엄숙히 선서합니다."

제70조 대통령의 임기는 5년으로 하며, 1차에 한하여 중임할 수 있다.

제71조 대통령이 궐위되거나 사고로 인하여 직무를 수행할 수 없

을 때에는 국회의장, 국무총리, 법률이 정한 국무위원의 순서로 그 권한을 대행한다.

제72조 대통령은 정부의 제안에 따라 외교·국방·통일 기타 국가 안위에 관한 중요 정책을 국민투표에 붙일 수 있다.

제73조 대통령은 정부의 제안에 따라 조약을 체결·비준하고, 외교사절을 신임·접수 또는 파견하며, 선전포고와 강화를 한다.

제74조 ① 대통령은 헌법과 법률의 규정 및 정부의 제안에 따라 국군을 통수한다.
② 국군의 조직과 편성은 법률로 정한다.

제75조 대통령은 법률에서 구체적으로 범위를 정하여 위임받은 사항과 법률을 집행하기 위하여 필요한 사항에 관하여 정부의 제안에 따라 대통령령을 발할 수 있다.

제76조 ①대통령은 내우·외환·천재·지변 또는 중대한 재정·경제상의 위기에 있어서 국가의 안전보장 또는 공공의 안녕질서를 유지하기 위하여 긴급한 조치가 필요하고 국회의 집회를 기다릴 여유가 없을 때에 한하여 최소한으로 국무회의의 의결에 의하여 필요한 재정·경제상의 처분을 할 수 있다.

② 제1항의 처분을 집행하기 위하여 필요한 때에는 국무총리는 법률의 효력을 가지는 명령을 발할 수 있다.

③ 대통령은 국가의 안위에 관계되는 중대한 교전상태에 있어서 국가를 보위하기 위하여 긴급한 조치가 필요하고 국회의 집회가 불가능한 때에 한하여 정부의 제안에 따라 법률의 효력을 가지는 명령을 국무총리로 하여금 발하게 할 수 있다.

④ 제1항과 제2항과 제3항의 처분 또는 명령은 지체없이 국회에 보고하여 그 승인을 얻어야 한다.

⑤ 제4항의 승인을 얻지 못한 때에는 그 처분 또는 명령은 그때부터 효력을 상실한다. 이 경우 그 명령에 의하여 개정 또는 폐지되었던 법률은 그 명령이 승인을 얻지 못한 때부터 당연히 효력을 회복한다.

⑥ 대통령과 국무총리는 제4항과 제5항의 사유를 지체없이 공포하여야 한다.

제77조 ① 대통령은 전시로 인한 국가비상사태에 있어서 병력으로써 군사상의 필요에 응하거나 공공의 안녕질서를 유지할 필요가 있을 때에는 국무회의의 의결을 거치고 국회의 동의를 얻어 법률이 정하는 바에 의하여 계엄을 선포할 수 있다. 다만 국회의 집회를 기다릴 여유가 없는 긴박한 상황에 한하여 대통령은 국무회의의 의결에 의하여 계엄을 선포한 직후 지체없이 국회에 통고하여야 한다.

② 계엄은 비상계엄과 경비계엄으로 한다.

③ 비상계엄이 선포된 때에는 법률이 정하는 바에 의하여 영장 제도,

언론·출판·집회·결사의 자유, 정부나 법원의 권한에 관하여 특별한 조치를 할 수 있다.
④ 국회가 재적의원 과반수의 찬성으로 계엄의 해제를 요구한 때에는 대통령은 이를 해제하여야 한다.

제78조 대통령은 헌법과 법률이 정하는 바에 의하여 정부의 제안에 따라 공무원의 임면을 확인한다.

제79조 ① 대통령은 법률이 정하는 바에 의하여 정부의 제안에 따라 사면·감형 또는 복권을 명할 수 있다.
② 일반사면을 명하려면 국회의 동의를 얻어야 한다.
③ 사면·감형 및 복권에 관한 사항은 법률로 정한다.

제80조 대통령은 법률이 정하는 바에 의하여 정부의 제안에 따라 훈장 기타의 영전을 수여한다.

제81조 대통령은 국회에 출석하여 발언하거나 서한으로 의견을 표시할 수 있다.

제82조 대통령의 국무에 관한 행위는 문서로 하여야 하며 모든 문서에는 국무총리와 관계 국무위원의 부서가 있어야 한다. 군사에 관한 것도 또한 같다.

제83조 대통령은 국무총리·국무위원·정부 각부의 장 기타 법률이 정하는 공사의 직을 겸할 수 없다.

제84조 대통령은 내란 또는 외환의 죄를 범한 경우를 제외하고는 재직 중 형사상의 소추를 받지 아니한다.

제85조 전직 대통령의 신분과 예우에 관하여는 법률로 정한다.

### 제5장 정부

제1절 국무원

제86조 ① 행정권은 국무원에 속한다.
② 국무원은 국무총리와 15인 이상 30인 이하의 국무위원으로 구성한다.
③ 국무원은 국회에 대하여 연대책임을 진다. 국무원은 국회에서 국무총리에 대한 불신임이 성립된 때에는 총사직하여야 한다.
④ 국회의 국무총리에 대한 불신임은 국무총리가 재적의원 과반수의 신임을 획득하지 못한 경우 성립한다.
⑤ 국무원은 국무총리가 궐위되거나 국회의원 총선거 후 처음으로 국회가 집회한 때에는 총사직하여야 한다.

제87조 ① 국무총리는 국회 다수당의 대표자를 대통령이 지명하여 국회의 동의를 얻어 선출한 후, 대통령이 임명한다. 다만 대통령이 국회에서 동의를 얻지 못한 날로부터 5일 이내에 다시 지명하지 아니하거나 2차에 걸쳐 국회가 대통령의 지명에 동의를 하지 아니한 때에는 국무총리는 국회에서 이를 선거한다.

② 제1항의 동의나 선거는 국회의원 재적 과반수의 찬성을 얻어야 한다.

③ 대통령이 국무총리를 지명한 때에는 국회는 그 지명을 받은 때부터 24시간 이후 48시간 이내에 동의에 대한 표결을 하여야 하며 제1항 단서에 의하여 국무총리를 선거할 때에는 그 사유가 발생한 날로부터 5일 이내에 선거를 하여야 한다. 5일 이내에 실시한 선거에서 국회의원 재적 과반수의 찬성을 얻은 자가 나오지 않으면 지체 없이 새로운 투표를 실시한다. 이 경우 가장 많은 표를 얻은 자를 당선자로 한다.

④ 대통령은 국회의원 총선거 후 처음으로 국회가 집회한 날로부터 5일 이내에 국무총리를 지명하여야 한다.

⑤ 군인은 현역을 면한 후가 아니면 국무총리로 임명될 수 없다.

⑥ 국무총리는 국무회의의 의장이 된다.

⑦ 국무총리는 법률에서 일정한 범위를 정하여 위임을 받은 사항과 법률을 실시하기 위하여 필요한 사항에 관하여 국무회의의 의결을 거쳐 국무원령을 발할 수 있다.

⑧ 국무총리는 국무원을 대표하여 의안을 국회에 제출하고 정부 각부를 지휘감독한다.

⑨ 국무총리가 사고로 인하여 직무를 수행할 수 없을 때에는 법률의 정하는 순위에 따라 국무위원이 그 권한을 대행한다.

⑩ 신임을 요구하는 국무총리의 동의가 국회 재적의원의 과반수의 찬성을 얻지 못하면 대통령은 국무총리의 제청으로 21일 내에 국회를 해산시킬 수 있다. 국회가 그 재적의원의 과반수로써 다른 국무총리를 선출하면 해산권은 즉시 소멸된다.

제88조 ① 국무위원은 국무총리가 임면(任免)하고 대통령이 이를 확인한다.
② 국무총리와 국무위원의 과반수는 국회의원이어야 한다. 다만 국회가 해산된 때에는 예외로 한다.
③ 국무위원의 직은 국무총리의 직이 끝나면 함께 종료한다.
④ 국무총리는 대통령의 요청으로, 국무위원은 국무총리나 대통령의 요청으로 후임자가 임명될 때까지 그 사무를 계속 처리할 의무를 진다.
⑤ 군인은 현역을 면한 후가 아니면 국무위원으로 임명될 수 없다.

제89조 ① 국무회의는 제86조 제2항의 국무원의 국무총리와 국무위원으로 구성한다.
② 국무회의는 정부의 권한에 속하는 중요한 정책을 심의·의결한다.
③ 다음 사항은 국무회의의 심의·의결을 거쳐야 한다.
1. 국정의 기본 계획과 정부의 일반정책
2. 선전·강화 기타 중요한 대외정책
3. 헌법개정안·국민투표안·조약안·법률안·대통령령안 및 국무원령안
4. 예산안·결산·국유재산 처분의 기본 계획·국가의 부담이 될 계약

기타 재정에 관한 중요 사항

5. 대통령의 긴급명령·긴급재정경제처분 및 명령 또는 계엄과 그 해제, 그리고 국무총리의 긴급재정경제명령

6. 군사에 관한 중요 사항

7. 국회의 임시회 집회의 요구

8. 영전 수여

9. 사면·감형과 복권

10. 정부 각부 간의 권한의 획정

11. 정부안의 권한의 위임 또는 배정에 관한 기본 계획

12. 국정 처리 상황의 평가·분석

13. 정부 각부의 중요한 정책의 수립과 조정

14. 국회해산과 국무원 총사직에 관한 사항

15. 정당 해산의 제소

16. 정부에 제출 또는 회부된 정부의 정책에 관계되는 청원의 심사

17. 검찰총장·합동참모의장·각 군 참모총장·국립대학교 총장·대사 기타 법률이 정한 공무원과 국영기업체 관리자의 임명

18. 기타 대통령·국무총리 또는 국무위원이 제출한 사항

제90조 ① 국정의 중요한 사항에 관한 국무원의 자문에 응하기 위하여 국가원로로 구성되는 국가원로자문회의를 둘 수 있다.

② 국가원로자문회의의 조직·직무 범위 기타 필요한 사항은 법률로 정한다.

제91조 ① 국가안전보장에 관련되는 대외정책·군사정책과 국내정책의 수립에 관하여 국무회의의 심의에 앞서 국무원의 자문에 응하기 위하여 국가안전보장회의를 둔다.
② 국가안전보장회의는 국무총리가 주재한다.
③ 국가안전보장회의의 조직·직무 범위 기타 필요한 사항은 법률로 정한다.

제92조 ① 평화통일정책의 수립에 관한 국무원의 자문에 응하기 위하여 민주평화통일자문회의를 둘 수 있다.
② 민주평화통일자문회의의 조직·직무 범위 기타 필요한 사항은 법률로 정한다.

제93조 ① 국민경제의 발전을 위한 중요정책의 수립에 관하여 국무원의 자문에 응하기 위하여 국민경제자문회의를 둘 수 있다.
② 국민경제자문회의의 조직·직무 범위 기타 필요한 사항은 법률로 정한다.

제2절 정부 각부

제94조 정부 각부의 장은 국무위원이어야 하며 국무총리가 임면한다.

제95조 국무총리 또는 정부 각부의 장은 소관 사무에 관하여 법률

이나 직권으로 국무원령 또는 부령을 발할 수 있다.

제96조 정부 각부의 설치·조직과 직무 범위는 법률로 정한다.

**제9장 감사원**

제97조 국가의 세입·세출의 결산, 국가 및 법률이 정한 단체의 회계검사와 정부기관 및 공무원의 직무에 관한 감찰을 하기 위하여 독립된 헌법기관으로 감사원을 둔다.

제98조 ① 감사원은 원장을 포함한 5인 이상 11인 이하의 감사위원으로 구성한다.
② 원장은 국회의 제청으로 대통령이 임명하고, 그 임기는 4년으로 하며, 1차에 한하여 중임할 수 있다.
③ 감사위원은 원장의 제청으로 대통령이 임명하고, 그 임기는 4년으로 하며, 1차에 한하여 중임할 수 있다.

제99조 감사원은 세입·세출의 결산을 매년 검사하여 정부와 국회에 그 결과를 보고하여야 한다.

제100조 감사원의 조직·직무 범위·감사위원의 자격·감사 대상 공무원의 범위 기타 필요한 사항은 법률로 정한다.

# 참고 문헌

강수택, 2012, 『연대주의 — 모나디즘 넘어서기』, 파주: 한길사.
강수택, 2018, 「분열형 사회를 넘어 연대형 사회로 가려는 사회학적 상상」, 『균열과 혐오의 사회를 넘어: 연대와 치유를 위한 사회학적 성찰』, 2018 한국사회학회 정기사회학대회 논문집, 3-20쪽, 서울: 한국사회학회.
강수택, 2019, 「분열형 사회에서 연대형 사회로의 전환을 위한 사회학적 성찰」, 『한국사회학』 제53집 2호: 137-165.
강수택, 2023a, 「새로운 정치를 위한 시대적 과제는 이제 내각책임제 도입에 있다」, 『대학지성 In&Out』 2023. 5. 10.
강수택, 2023b, 「양당 구도 혁파 외치는 신생정당 … 대통령제 극복 외면은 자기모순」, 『한겨레신문』 2023. 08. 23.
강원택, 2022, 『국가는 어떻게 통치되는가: 대통령제, 내각제, 이원정부제』, 고양: 인간사랑.
김영수, 2000, 『한국헌법사』, 서울: 학문사.
김지범·강정한·김석호·김창환·박원호·이윤석·최슬기·김솔이, 2024, 『한국종합사회조사, 2003-2023』, 서울: 성균관대학교출판부.
레이파트, 아렌드, 1995, 「대통령제와 다수결 민주주의: 이론적 논의」, 린쯔·바렌주엘라 엮음, 『내각제와 대통령제』, 신명순·조정관 옮김, 195-221쪽, 서울: 나남출판.

레이프하트, 아렌드, 2017, 『민주주의의 유형』, 김석동 옮김, 서울: 성균관대학교출판부.

린쯔, 후앙, 1995, 「대통령제와 내각제: 과연 다른 것인가?」, 린쯔·바렌주엘라 엮음, 『내각제와 대통령제』, 신명순·조정관 옮김, 31-194쪽, 서울: 나남출판.

이재열·조병희·장덕진·유명순·우명숙·서형준, 2014, 「사회통합: 개념과 측정, 국제비교」, 『한국사회정책』 제21집 2호: 113-149.

진영재·최선, 2009, 「'한국적 권력 구조'의 기원적 형태: 대한민국임시정부 (1919-1945년)의 헌법개정과 권력 구조 변천사 분석」, 『한국정치학회보』 제43집 제2호: 25-49.

한국갤럽, 2024, 『한국갤럽 데일리 오피니언』 제605호, 2024년 12월 1주.

Bundesministerium der Justiz, 2025, "Grundgesetz für die Bundesrepublik Deutschland", https://www.gesetze-im-internet.de/gg/GG.pdf.

Constitutional Council, France, 2024, "Constitution of October 4, 1958", 프랑스 헌법위원회 공식 홈페이지 자료. https://www.conseil-constitutionnel.fr/en/constitution-of-4-october-1958.

EIU, 2015, *Democracy Index 2014*, London: The Economist Intelligence Unit.

EIU, 2024, *Democracy Index 2023*, London: The Economist Intelligence Unit.

Helliwell, John F., Richard Layard & Jeffrey D. Sachs (ed.), 2013, *World Happiness Report 2013*, N.Y.: Sustainable Development Solutions Network.

Helliwell, John F., Richard Layard, Jeffrey D. Sachs, Jan-Emmanuel De Neve, Lara Aknin & Shun Wang (ed.), 2023, *World Happiness Report 2023*, N.Y.: Sustainable Development Solutions Network.

Ministry of Justice, Finland, 2024, "The Constitution of Finland", 핀란드 법무부 공식 홈페이지 자료. https://oikeusministerio.fi/en/constitution-of-finland.

OECD, 2018, "Trade Union Density in OECD Countries", https://stats.oecd.org.

OECD, 2019, *Society at a Glance 2019: OECD Social Indicators*, Paris: OECD Publishing. https://doi.org/10.1787/soc_glance-2019-en.

OECD, 2024, "Public Social Spending, % of GDP, 2022", Social Expenditure Database (SOCX). https://web-archive.oecd.org/temp/2024-06-24/63248-expenditure.htm.

OECD, 2024, *Society at a Glance 2024: OECD Social Indicators*, Paris: OECD Publishing. https://doi.org/10.1787/918d8db3-en.

Prime Ministers Office, 2024, "Constitution of the Republic of Iceland". 아이슬란드 정부 공식 홈페이지 자료. https://www.government.is/

Social Progress Imperative, 2023, "Global Index: Results". Social Progress Imperative 홈페이지 자료. https://www.socialprogress.org/

The World Bank, 2018, *GDP per capita (current US$)*. 세계은행 데이터뱅크의 자료. http://databank.worldbank.org.

The World Bank, 2024, *GDP (current US$)*. 세계은행 공식 홈페이지 자료. https://data.worldbank.org/indicator/NY.GDP.MKTP.CD.

The World Bank, 2024, *GINI index (World Bank estimate)*. 세계은행 공식 홈페이지 자료. https://data.worldbank.org/indicator/SI.POV.GINI.

UNDP, 2016, *Human Development Report 2016*, N.Y.: UNDP. 유엔개발계획 홈페이지 자료. https://www.undp.org/

UNDP, 2024, *Human Development Report 2023/2024*, N.Y.: UNDP. 유엔개발계획 홈페이지 자료. https://www.undp.org/

United States Senate, 2024, "Constitution of the United States". 미국 상원 공식 홈페이지 자료. https://www.senate.gov/about/origins-foundations/senate-and-constitution/constitution.htm.

# 도판 저작권 및 출처

15   19세기 초 영국 상원
*House of Lords*, from *"Ackermann's Repository"*. Print by Thomas Rowlandson and Augustus Charles Pugin, 1809. Cooper Hewitt, Smithsonian Design Museum. Public Domain.

15   19세기 초 영국 하원
*House of Commons*, from *"Ackermann's Repository"*. Print by Thomas Rowlandson and Augustus Charles Pugin, 1808. Cooper Hewitt, Smithsonian Design Museum. Public Domain.

17   1789년 뉴욕 구시청에서 취임 선서를 하는 미국 초대 대통령 조지 워싱턴
*Washington delivering his inaugural address, April 1789, in the old city hall, New-York*. Matteson (painter), Sadd (engraver), 1849. Library of Congress, LC-DIG-pga-03236. Public Domain.

32   2024년 6월 G7 정상회의에 참석한 유럽연합, 독일, 캐나다, 프랑스, 이탈리아, 미국, 일본, 영국
*President Joe Biden participates in Working Session I: Africa, Climate Change and Development at the 2024 G7 Summit*, Thursday, June 13, 2024, at Borgo Egna-

zia in Apulia, Italy. Photo by Adam Schultz, 2024. White House via Flickr. Public Domain.

37  하원에서 발언하는 아일랜드 연립정부 총리 미할 마틴
*Election of An Taoiseach - 9th April 2024*, Houses of the Oireachtas via Flickr. CC BY 2.0.

44  독일기독교민주연합 연방 집행부 기자회견에서 리하르트 폰 바이츠제커(가운데)와 헬무트 콜(오른쪽)
*Pressekonferenz des CDU-Bundesvorstands im Tulpenfeld, Bonn (vlnr: Kurt Biedenkopf, Richard von Weizsäcker, Helmut Kohl)*. Engelbert Reineke, 1975. Bundesarchiv, B 145 Bild-F045626-0067. CC BY-SA 3.0 via Wikimedia Commons.

52  영국 하원에서 발언하는 내각 각료들과 의원들
*Prime Minister's Questions in the House of Commons, London*. February 12, 2025. UK Parliament. Licensed for publication via 연합뉴스.

68  2018년 6월 1일 스페인 내각 불신임 투표 후 마리아노 라호이 전 총리(오른쪽)가 신임 총리 페드로 산체스(왼쪽)를 축하하는 장면
*Pedro Sánchez, nuevo presidente del Gobierno*. June 1, 2018, at the Congreso de los Diputados, Madrid. Diego Crespo, Pool Moncloa. © Ministry of the Presidency, Government of Spain. Used with attribution.

75  행정명령에 서명하는 도널드 트럼프 미국 대통령
*President Donald J. Trump signs executive orders in the Oval Office, 2025*. White House. Public Domain.

80  2013년부터 집권 중인 베네수엘라의 독재자 마두로 대통령(왼쪽에서 두 번째)
*Posesión de Nicolás Maduro como Presidente de la República Bolivariana de Venezuela, 19 Abril del 2013, Caracas*. Xavier Granja Cedeño / Ministerio de Relaciones

Exteriores, Comercio e Integración del Ecuador. Cancillería del Ecuador. CC BY-SA 2.0 via Flickr.

92 제2공화국 장면 내각의 장면 국무총리와 신임 국무위원들
신임 국무위원 기념촬영. 1960.08.24. 출처: 연합뉴스. 퍼블릭 도메인.

100 1948년 5월 31일 제헌국회에서 개회사를 하는 이승만 국회의장
제헌국회 개회사(1948년 5월 31일). 출처: 이승만기념관. 퍼블릭 도메인.

120 1982년 헬무트 콜(왼쪽)이 헬무트 슈미트 전 총리(오른쪽)에 대한 건설적 불신임 투표를 통해 연방총리로 선출된 뒤 축하를 받는 장면
*Wahl von Helmut Kohl zum Bundeskanzler 1982*. Ludwig Wegmann. © B 145 Bild-00045996 – Presse- und Informationsamt der Bundesregierung / Bundesarchiv.

124 2019년 1월 정부 셧다운 사태에 대해 연설하는 트럼프 대통령
*President Donald J. Trump delivers remarks on the government shutdown,* January 25, 2019, in the Rose Garden. Photo by Tia Dufour. White House. Public Domain.

126 윤석열 대통령이 비상계엄을 선포한 이후 계엄군이 국회 본청에 진입하는 장면
국회 본청 진입하는 계엄군. 2024.12.04 © 연합뉴스.

185 핀란드 대통령이 신임 총리 페테리 오르포를 임명하고 내각 구성을 승인하는 장면
*Orpon hallituksen nimitys*, June 20, 2023, Helsinki. © Lauri Heikkinen / valtioneuvoston kanslia. CC BY 2.0 via Flickr.